이상한 나라의
엘리트

엘리트는 어떻게 사회를 기만하는가

이상한 나라의 엘리트

야스토미 아유미 씀
박솔바로 옮김

민들레

한국의 엘리트는 어떤 기만 언어를 구사하는가

어떤 사회에도 엘리트는 있다. 엘리트 없이 사회를 운영하는 것은 아마 불가능할 것이다. 엘리트의 존재 방식에 그 사회의 운명이 달려 있다 해도 과언은 아니다. 그렇기 때문에 엘리트를 연구하는 일은 대단히 중요하다.

그런데 '연구'는 대부분 엘리트가 한다. 게다가 엘리트를 연구하기 위해서는 연구자 스스로도 엘리트가 되는 편이 유리하다. 왜냐하면 엘리트가 되지 않고서는 엘리트들의 세계에 진입할 수 없으니 현장 연구를 수행할 수 없기 때문이다. 하지만 엘리트가 엘리트를 연구하는 건 그렇게 간단한 일이 아니다.

첫째, 스스로 당연하게 여기는 것을 연구하는 일은 애당초 쉬운 일이 아니다. 당연하게 여기는 것에 대해서는 문제의식을 느끼지 못하기 때문이다.

둘째, 엘리트를 (비판적인) 연구 대상으로 삼으면 다른 엘리트들, 다시 말해 동료들에게 미움을 받는다.

셋째, 연구를 수행했다 하더라도 엘리트가 쓰는 글은 난해하기 때문에 엘리트들에게만 이해되는 것이 일반적이다. 결국 연구 결과가 엘리트 사회 내부에서 소비되고 만다.

엘리트 연구와 관련해서는 프랑스의 들뢰즈나 부르디외의 연구가 유명하다. 하지만 그들의 연구는 너무 난해하여 결국 무엇을 말하고자 하는지 나는 전혀 이해하지 못했다. 아마도 프랑스어를 할 줄 알았다면 조금 이해할 수 있었을지도 모르지만 일어 번역본으로는 도무지 이해할 수 없었다. 나는 그것이 프랑스 엘리트에 의해 쓰인, 프랑스 엘리트를 위한, 프랑스 엘리트들만의 리그였다고 생각한다.

현대사회에서 엘리트를 엘리트로 만드는 것은 신분이 아니라 '언어'라고 나는 생각한다. 엘리트에 어울리는 언어를 구사하는 자가 엘리트 아니겠는가. 엘리트를 휘감고 있는 언어 체계는 대단히 견고하여 일반인이 진입하기가 매우 어렵다. 그렇기 때문에 말과 글로 이루어진 세계는 하나부터 열까지 엘리트들이 지배하고 있다. 흔히 민중을 대표한다는 논객들도 일류 대학 출신이며, 자신의 논리를 엘리트의 언어로 펼친다. 민중은 그 말을 쉽게 이해하지 못하고, 그들은 민중의 말과 견해를 '담론'으로 인정하지 않는다. 결국 그들도 엘리트에 의해 담론이 점유된 지배 시스템의 한 축을 담당하고 있는 것이다.

그런데 이렇게 말하는 나도 도쿄대의 교수이므로 엘리트임에 틀림없다. 그러니 내가 엘리트를 연구하는 것은 쉬운 일이 아니다. 그래서 나는 다음과 같은 전략을 세웠다.

첫째, 나 자신도 연구 대상으로 삼았다. 더 정확히 말하면 '어째서 나는 이렇게 어리석고 불행한 걸까'라는 질문을 연구 주제로 삼았다. 그 연구 성과는 《있는 그대로의 나》,《단단한 삶》,《당신이 살기 힘든 이유는 '자기혐오' 때문이다》 같은 책으로 나온 바 있다.

둘째, 나는 엘리트 그 자체가 아니라 그들의 말을 분석했다. 말이라면 일단 대상화가 되어 있어 분석하기 쉽다고 생각했기 때문이다. 이것이 '도쿄대식 화법'에 대한 나의 연구 방식이다. 2011년 일본에서 벌어진 무시무시한 후쿠시마 제1원자력발전소 사고 이후 일본의 미디어에 범람하던 기만적 담론을 대상으로 한 연구였다.

나는 유감스럽게도 한국사회에 대해 잘 알지 못한다. 그러므로 한국사회가 어떤 엘리트에 의해 지배되고 그들이 어떤 담론 전략을 구사하는지 잘 상상이 되지 않는다. 그러나 아마 일본과 크게 다르지 않은 구조일 거라고 생각한다.

왜냐하면 첫째, 한국도 일본과 마찬가지로 학력에 의한 차별이 당연한, 그런 광기에 지배되고 있는 사회이기 때문이다. 한국의 학력에 의한 차별은 어쩌면 일본보다 심할 수도 있다.

둘째, 한국이든 일본이든 엘리트들이 미국에 대한 식민지 근성에서 헤어나오지 못하고 있기 때문이다. 한국전쟁이 휴전 상태로 계속되고 있는 상황에서 한국이 미국의 군사력에 의존하는 수준은 일본의 경우보다 더 심각하다고 볼 수 있다. 한편 이른바 '한류'의 역량을 보면 일본만큼 시스템 자체가 미국에 먹혀버린 것은 아닌 것 같다는 생각이 들기도 한다.

셋째, 과거 일본의 지배로 인한 악영향을 답습하고 있기 때문이다. 한국사회의 잘못된 점을 쉽게 일본 탓으로 돌리는 한국 지식인들의 '나쁜 습관'은 그 자체로 사회적 병리라고 나는 확신하지만, 이 사회적 병리조차 과거 일본의 어리석은 제국주의 지배에서 비롯되었을 것이다.

하지만 한국과 일본은 전혀 다른 역사적, 문화적 특질을 지니고 있기도 하다. 예를 들어 한국인은 일본인과 같은 입장주의자들은 아니다. '입장을 잃는다'는 말을 듣고 겁을 먹지는 않을 것이다. 일본인은 한국인들처럼 친밀한 친족관계 속에서 살지 않는다. 십 년도 지난 이야기이지만, 나만 해도 부모와 연을 끊었고 친척과도 만나지 않지만, 그 누구도 나를 윤리에 반하는 사람이라고 비난하지 않는다.

또한, 나는 50년이 넘도록 남성으로 살아오다가 지금은 여성의 모습으로 살아가고 있지만 이를 이유로 노골적인 차별이나 괴롭힘을 당한 적도 없다. 오히려 '여장 도쿄대 교수'로 널리 알려져 유명해졌고, 어딜 가도 환영받는다. 한국에서는 이런 일이 어렵지 않을까 하는 생각이 든다. 그러니 엘리트의 특질 또한 일본과는 상이할 것이다.

한국의 엘리트는 과연 어떤 기만 언어를 구사해 사람들을 속이고 일을 처리하고 있는가. 그들은 무엇에 겁을 먹고 무엇을 지키고자 하는가. 이 책을 읽는 한국 독자분들께 간절히 연구를 부탁하는 바이다. 그 연구 성과가 일본어로 번역되어 내가 읽을 수 있는 날이 오길 기대한다.

2018년 사이타마에서

야스토미 아유미

차례

서문 | 한국의 엘리트는 어떤 기만 언어를 구사하는가 5

여는 말 | 이어주는 끈, 동여매는 끈 15

1장 도쿄대식 화법이란 25

원전이 폭발해도 태평한 | 수소폭발을 필사적으로 얼버무리기 | 기만적이고 방관적인 화법 | 국가적 재난 때마다 등장하는 도쿄대식 화법 | 원전은 일본식 기만의 집합체 | 정명正名의 중요성 | 미디어를 폭주케 한 죄 | '우리나라' 뒤에 숨기 | 자신에게 유리한 쪽으로, 그럴싸하게 | 도쿄대식 화법의 공통 법칙 | 도쿄대식 화법의 모범 문서 | 논의를 유리하게 조작하는 화법 | 연막탄을 던지고 빠져나오기 | 비전문가와 희생양을 모욕하기 | 도쿄대 관계자들만 그러한가 | 3대 도쿄대 문화 | 권위에 의해 확산되는 것 | 관료어야말로 도쿄대식 화법

2장 '입장'이 사람보다 존중받는 사회 61

그들이 도쿄대식 화법을 구사하는 이유 | 책임을 분산시켜 회피하기 | 입장을 이유로 거짓말하는 어용학자 | 대답할 입장이 아닙니다? | '입장'이 사람보다 존중받다 | 입장을 철저히 주입하는 도쿄대 | 입장을 명확히 하면 유리해진다 | '날치기'라는 상투적 수단 | 기만적인 '입장 3대 원칙' | '검은 조직' 같은 도쿄대

3장 입장주의자의 탄생 83

입장의 원점 | '이에'로부터 분리되어 '입장'으로 | 감정을 버리고 사명감에 매진하기 | 인권을 존중하지 않는 일본사회 | 종신고용이 탄생한 배경 | 은행원 시절에 느낀 의문 | 모든 비즈니스는 세관으로부터 | 관혼상제를 챙기는 일이 가장 중요한 입장사회 | 증식하는 책임과 역할 | 기술혁신을 무용지물로 만드는 입장사회 | 기술이 발전해도 사라지지 않는 절차 | 신입사원이 회사를 금방 그만두는 이유 | 오로지 입장을 지키기 위해서 | 원자력위원회의 궤변과 조작 | 파견직, 비정규직은 입장 없는 신분 | 개인의 힘으로는 끊을 수 없는 잘못된 인연

4장 희생번트 정신 113

도쿄대식 화법으로 입장을 주입하기 | '민폐'를 끼친다는 것 | 비언어적 수법으로 살그머니 주입하기 | 입장이라는 의자에 앉아 마냥 무난한 삶으로 | 사축은 입장사회의 본질 | 회사원은 편하니까 | 죽일 수밖에 없는 감수성 | 사축을 권하는 도쿄대식 화법 | 야구는 입장의 스포츠 | 사축이라도 보람이 있다 | 직장인에게 체면은 없다 | 진퇴를 스스로 결정하지 못하는 사장 | 총리도 역할일 뿐 | 무의미한 회의를 오래 끄는 이유 | 입장 조율을 위한 회의

5장 입장주의자의 행복 위장술 143

입장에 구속된 남자의 입버릇 | '아내가…'에서 '우리나라가…'로 | 입장부부와 황혼이혼 | 좋은 아내를 연기하기 | 도쿄대식 화법이 왜곡하는 입장 결혼 | '다 그런 거야'라는 속임수 | 현실 직시를 회피하기 | 탈선하는 상류층 자녀들 | 애정에 겁먹는 아이들 | '결혼은 행복'이라는 위험한 확신 | 디즈니랜드의 피곤한 행복 | 미국인의 행복 위장 공작과 가족사진 | 입장주의자를 기르는 일본의 수험제도 | 도쿄대생의 전성기 | 나의 장래성을 알아차린 여성 | 입장사회에서 여성이 성공하려면 | 입장주의자를 식별하는 방법

6장 도쿄대식 화법에 반격하기 173

가정부 미타와 도쿄대식 화법 l '알겠습니다'의 저력 l 엉터리를 충실히 실행
함으로써 왜곡을 폭로하기 l 알리바이용 회의에 대처하는 법 l '그 정도까지'
란 대체 어느 정도까지인가 l 기필코 하겠다는 의지가 중요하다 l 감쪽같이
바꿔치기 된 목적 l 기능 부전에 빠진 입장주의 l 불성에 뿌리 내린 새로운
입장주의의 가능성 l 도쿄대식 화법에 기만당하지 않으려면

펴낸이의 말 l 아이들을 지켜야 하는 까닭 199

여는 말

이어주는 끈, 동여매는 끈

엘리트는 어떻게 사회를 기만하는가

이상한 나라의
엘리트

야스토미 아유미 씀
박솔바로 옮김

민들레

이상한 나라의
엘리트

해를 '담론'으로 인정하지 않는다. 결국 그들도 엘리트에 의해 담론이 점유된 지배 시스템의 한 축을 담당하고 있는 것이다.

그런데 이렇게 말하는 나도 도쿄대의 교수이므로 엘리트임에 틀림없다. 그러니 내가 엘리트를 연구하는 것은 쉬운 일이 아니다. 그래서 나는 다음과 같은 전략을 세웠다.

첫째, 나 자신도 연구 대상으로 삼았다. 더 정확히 말하면 '어째서 나는 이렇게 어리석고 불행한 걸까'라는 질문을 연구 주제로 삼았다. 그 연구 성과는 《있는 그대로의 나》, 《단단한 삶》, 《당신이 살기 힘든 이유는 '자기혐오' 때문이다》 같은 책으로 나온 바 있다.

둘째, 나는 엘리트 그 자체가 아니라 그들의 말을 분석했다. 말이라면 일단 대상화가 되어 있어 분석하기 쉽다고 생각했기 때문이다. 이것이 '도쿄대식 화법'에 대한 나의 연구 방식이다. 2011년 일본에서 벌어진 무시무시한 후쿠시마 제1원자력발전소 사고 이후 일본의 미디어에 범람하던 기만적 담론을 대상으로 한 연구였다.

나는 유감스럽게도 한국사회에 대해 잘 알지 못한다. 그러므로 한국사회가 어떤 엘리트에 의해 지배되고 그들이 어떤 담론 전략을 구사하는지 잘 상상이 되지 않는다. 그러나 아마 일본과 크게 다르지 않은 구조일 거라고 생각한다.

왜냐하면 첫째, 한국도 일본과 마찬가지로 학력에 의한 차별이 당연한, 그런 광기에 지배되고 있는 사회이기 때문이다. 한국의 학력에 의한 차별은 어쩌면 일본보다 심할 수도 있다.

둘째, 한국이든 일본이든 엘리트들이 미국에 대한 식민지 근성에서 헤어나오지 못하고 있기 때문이다. 한국전쟁이 휴전 상태로 계속되고 있는 상황에서 한국이 미국의 군사력에 의존하는 수준은 일본의 경우보다 더 심각하다고 볼 수 있다. 한편 이른바 '한류'의 역량을 보면 일본만큼 시스템 자체가 미국에 먹혀버린 것은 아닌 것 같다는 생각이 들기도 한다.

셋째, 과거 일본의 지배로 인한 악영향을 답습하고 있기 때문이다. 한국사회의 잘못된 점을 쉽게 일본 탓으로 돌리는 한국 지식인들의 '나쁜 습관'은 그 자체로 사회적 병리라고 나는 확신하지만, 이 사회적 병리조차 과거 일본의 어리석은 제국주의 지배에서 비롯되었을 것이다.

하지만 한국과 일본은 전혀 다른 역사적, 문화적 특질을 지니고 있기도 하다. 예를 들어 한국인은 일본인과 같은 입장주의자들은 아니다. '입장을 잃는다'는 말을 듣고 겁을 먹지는 않을 것이다. 일본인은 한국인들처럼 친밀한 친족관계 속에서 살지 않는다. 십 년도 지난 이야기이지만, 나만 해도 부모와 연을 끊었고 친척과도 만나지 않지만, 그 누구도 나를 윤리에 반하는 사람이라고 비난하지 않는다.

한국의 엘리트는 어떤 기만 언어를 구사하는가

어떤 사회에도 엘리트는 있다. 엘리트 없이 사회를 운영하는 것은 아마 불가능할 것이다. 엘리트의 존재 방식에 그 사회의 운명이 달려 있다 해도 과언은 아니다. 그렇기 때문에 엘리트를 연구하는 일은 대단히 중요하다.

그런데 '연구'는 대부분 엘리트가 한다. 게다가 엘리트를 연구하기 위해서는 연구자 스스로도 엘리트가 되는 편이 유리하다. 왜냐하면 엘리트가 되지 않고서는 엘리트들의 세계에 진입할 수 없으니 현장 연구를 수행할 수 없기 때문이다. 하지만 엘리트가 엘리트를 연구하는 건 그렇게 간단한 일이 아니다.

첫째, 스스로 당연하게 여기는 것을 연구하는 일은 애당초 쉬운 일이 아니다. 당연하게 여기는 것에 대해서는 문제의식을 느끼지 못하기 때문이다.

둘째, 엘리트를 (비판적인) 연구 대상으로 삼으면 다른 엘리트들, 다시 말해 동료들에게 미움을 받는다.

셋째, 연구를 수행했다 하더라도 엘리트가 쓰는 글은 난해하기 때문에 엘리트들에게만 이해되는 것이 일반적이다. 결국 연구 결과가 엘리트 사회 내부에서 소비되고 만다.

엘리트 연구와 관련해서는 프랑스의 들뢰즈나 부르디외의 연구가 유명하다. 하지만 그들의 연구는 너무 난해하여 결국 무엇을 말하고자 하는지 나는 전혀 이해하지 못했다. 아마도 프랑스어를 할 줄 알았다면 조금 이해할 수 있었을지도 모르지만 일어 번역본으로는 도무지 이해할 수 없었다. 나는 그것이 프랑스 엘리트에 의해 쓰인, 프랑스 엘리트를 위한, 프랑스 엘리트들만의 리그였다고 생각한다.

현대사회에서 엘리트를 엘리트로 만드는 것은 신분이 아니라 '언어'라고 나는 생각한다. 엘리트에 어울리는 언어를 구사하는 자가 엘리트 아니겠는가. 엘리트를 휘감고 있는 언어 체계는 대단히 견고하여 일반인이 진입하기가 매우 어렵다. 그렇기 때문에 말과 글로 이루어진 세계는 하나부터 열까지 엘리트들이 지배하고 있다. 흔히 민중을 대표한다는 논객들도 일류 대학 출신이며, 자신의 논리를 엘리트의 언어로 펼친다. 민중은 그 말을 쉽게 이해하지 못하고, 그들은 민중의 말과 견

2장 '입장'이 사람보다 존중받는 사회 61

그들이 도쿄대식 화법을 구사하는 이유 I 책임을 분산시켜 회피하기 I 입장을 이유로 거짓말하는 어용학자 I 대답할 입장이 아닙니다? I '입장'이 사람보다 존중받다 I 입장을 철저히 주입하는 도쿄대 I 입장을 명확히 하면 유리해진다 I '날치기'라는 상투적 수단 I 기만적인 '입장 3대 원칙' I '검은 조직' 같은 도쿄대

3장 입장주의자의 탄생 83

입장의 원점 I '이에'로부터 분리되어 '입장'으로 I 감정을 버리고 사명감에 매진하기 I 인권을 존중하지 않는 일본사회 I 종신고용이 탄생한 배경 I 은행원 시절에 느낀 의문 I 모든 비즈니스는 세관으로부터 I 관혼상제를 챙기는 일이 가장 중요한 입장사회 I 증식하는 책임과 역할 I 기술혁신을 무용지물로 만드는 입장사회 I 기술이 발전해도 사라지지 않는 절차 I 신입사원이 회사를 금방 그만두는 이유 I 오로지 입장을 지키기 위해서 I 원자력위원회의 궤변과 조작 I 파견직, 비정규직은 입장 없는 신분 I 개인의 힘으로는 끊을 수 없는 잘못된 인연

4장 희생번트 정신 113

도쿄대식 화법으로 입장을 주입하기 | '민폐'를 끼친다는 것 | 비언어적 수법
으로 살그머니 주입하기 | 입장이라는 의자에 앉아 마냥 무난한 삶으로 | 사
축은 입장사회의 본질 | 회사원은 편하니까 | 죽일 수밖에 없는 감수성 | 사
축을 권하는 도쿄대식 화법 | 야구는 입장의 스포츠 | 사축이라도 보람이 있
다 | 직장인에게 체면은 없다 | 진퇴를 스스로 결정하지 못하는 사장 | 총리
도 역할일 뿐 | 무의미한 회의를 오래 끄는 이유 | 입장 조율을 위한 회의

5장 입장주의자의 행복 위장술 143

입장에 구속된 남자의 입버릇 | '아내가…'에서 '우리나라가…'로 | 입장부부
와 황혼이혼 | 좋은 아내를 연기하기 | 도쿄대식 화법이 왜곡하는 입장 결혼
| '다 그런 거야'라는 속임수 | 현실 직시를 회피하기 | 탈선하는 상류층 자녀
들 | 애정에 겁먹는 아이들 | '결혼은 행복'이라는 위험한 확신 | 디즈니랜드
의 피곤한 행복 | 미국인의 행복 위장 공작과 가족사진 | 입장주의자를 기르
는 일본의 수험제도 | 도쿄대생의 전성기 | 나의 장래성을 알아차린 여성 |
입장사회에서 여성이 성공하려면 | 입장주의자를 식별하는 방법

또한, 나는 50년이 넘도록 남성으로 살아오다가 지금은 여성의 모습으로 살아가고 있지만 이를 이유로 노골적인 차별이나 괴롭힘을 당한 적도 없다. 오히려 '여장 도쿄대 교수'로 널리 알려져 유명해졌고, 어딜 가도 환영받는다. 한국에서는 이런 일이 어렵지 않을까 하는 생각이 든다. 그러니 엘리트의 특질 또한 일본과는 상이할 것이다.

　한국의 엘리트는 과연 어떤 기만 언어를 구사해 사람들을 속이고 일을 처리하고 있는가. 그들은 무엇에 겁을 먹고 무엇을 지키고자 하는가. 이 책을 읽는 한국 독자분들께 간절히 연구를 부탁하는 바이다. 그 연구 성과가 일본어로 번역되어 내가 읽을 수 있는 날이 오길 기대한다.

2018년 사이타마에서

야스토미 아유미

차례

서문 | 한국의 엘리트는 어떤 기만 언어를 구사하는가 5

여는 말 | 이어주는 끈, 동여매는 끈 15

1장 도쿄대식 화법이란 25

원전이 폭발해도 태평한 | 수소폭발을 필사적으로 얼버무리기 | 기만적이고 방관적인 화법 | 국가적 재난 때마다 등장하는 도쿄대식 화법 | 원전은 일본식 기만의 집합체 | 정명正名의 중요성 | 미디어를 폭주케 한 죄 | '우리나라' 뒤에 숨기 | 자신에게 유리한 쪽으로, 그럴싸하게 | 도쿄대식 화법의 공통 법칙 | 도쿄대식 화법의 모범 문서 | 논의를 유리하게 조작하는 화법 | 연막탄을 던지고 빠져나오기 | 비전문가와 희생양을 모욕하기 | 도쿄대 관계자들만 그러한가 | 3대 도쿄대 문화 | 권위에 의해 확산되는 것 | 관료어야말로 도쿄대식 화법

이어주는 끈, 동여매는 끈

6장 도쿄대식 화법에 반격하기 173

가정부 미타와 도쿄대식 화법 ┃ '알겠습니다'의 저력 ┃ 엉터리를 충실히 실행

함으로써 왜곡을 폭로하기 ┃ 알리바이용 회의에 대처하는 법 ┃ '그 정도까지'

란 대체 어느 정도까지인가 ┃ 기필코 하겠다는 의지가 중요하다 ┃ 감쪽같이

바꿔치기 된 목적 ┃ 기능 부전에 빠진 입장주의 ┃ 불성에 뿌리 내린 새로운

입장주의의 가능성 ┃ 도쿄대식 화법에 기만당하지 않으려면

펴낸이의 말 ┃ 아이들을 지켜야 하는 까닭 199

국가적 재난 때마다 등장하는 도쿄대식 화법

이처럼 저는 후쿠시마 제1원전 사고를 계기로 '도쿄대식 화법'이라는 개념에 착안했습니다. 사실은 훨씬 전부터 도쿄대식 '기만적 화술'에 주목해 연구를 하던 참이었습니다.

알기 쉽게 설명하자면, '사회는 어떻게 폭주하는가'에 대해 연구하는 것입니다. 기만으로 가득 찬 말이 만연할 때가 국가적 위기 상황이며, 사람을 사람으로 여기지 않는 무시무시한 상황에 처한 것임을 연구를 통해 알고 있었지요.

가장 알기 쉬운 예가 전쟁입니다. 예를 들어 태평양 전쟁 말기, 전황이 악화하여 날마다 폭격기 B-29의 네이팜탄 공습을 받을 때, 당시 정부 요직에 있던 인간들은 "일본은 신의 나라이므로 지지 않는다. 반드시 가미카제神風가 불 것이다"라며, 지금 생각하면 말도 안 되는 엉터리 주장을 되풀이했지요.

한편, 바다 건너편 만주국에서는 관동군 731부대가 생화학 무기를 개발하기 위해 인체실험을 반복하고 있었습니다. 그 연구자들은 실험용 쥐처럼 죽어가는 포로들을 '마루타(통나무)'라고 부르면서 한 명, 두 명이라 세지 않고 한 개, 두 개라고 셌다고 합니다.

인체실험은 당시의 국제법으로도 용인되는 일이 아니었으므로 외부에는 절대 유출되지 않도록 철저히 비밀리에 진행되었을 겁니다. 그러니 애써 이런 은어를 사용할 필요가 없었음에도 이처럼 사람을 '통나무'라고 불렀던 것은 무엇보다도 자기 자신을 기만하기 위해서였다고 저는 생각합니다. 실험 대상을 자신과 같은 '사람'이라 생각하면 이런 악마 같은 짓을 할 수는 없었겠지요.

원전 사고 때도 마찬가지입니다. 도쿄대 출신 전문가와 정부 핵심 인물들이 '기만'에 가득 찬 말, 즉 도쿄대식 화법으로 말하고 있는 걸 봤을 때, 정말로 무시무시한 사태가 벌어지고 있음을 통감했습니다.

원전은 일본식 기만의 집합체

애당초 원자력발전소라는 건 도쿄대식 화법에 의해 탄생한 '기만'의 집대성입니다. 왜냐하면 원자력발전소와 이를 관장하는 원자력 행정에서는 전쟁 말기의 대본영 발표와도 일맥상통하는, 사실과는 거리가 먼 '말 바꿔치기'가 난무하고 있기 때문입니다.

예를 들어 원자력발전소 안에는 플루토늄을 우라늄과 섞어 연료로 사용하는 곳이 있습니다. 이를 '우라늄-플루토늄 혼합 연료'라는 정식 명칭으로 지역주민에게 설명해야만 합니다.

그러나 정부와 전력회사는 '플루서멀Plu-thermal'이라는 기묘한 말로 바꿔치기하여 안전성만을 강조하고 있습니다.

이는 인근 주민들을 기만하고, 자신조차 기만하기 위한 것입니다. '플루토늄이 들어간 핵연료를 우라늄용 원자로에서 사용하자'는 건 그걸 시행하는 당사자들이 봐도 무시무시한 일입니다. 플루토늄의 독성을 알고 있는 인간이라면 도저히 할 수 있는 일이 아닙니다. 이를 '플루서멀 계획을 추진하자'고 말만 바꿈으로써 시행 당사자는 공포를 불식시킬 수 있고 무엇보다도 잘못된 일에 가담하고 있다는 양심의 가책도 지울 수 있습니다.

원자력발전소와 원자력 행정에 관련된 일을 하면 이와 같은 기만적 언어에 자연스럽게 물들어 태도에서 기만성이 드러나게 됩니다. 그 대표적 사례가 후쿠시마 제1원전 사고로 방사성 물질이 퍼지고 있을 때 관방장관이 했던 이 발언입니다.

"당장 인체에 미치는 영향은 없습니다."

아시다시피 피폭 후 언제 어떤 영향을 미칠지 모른다는 점이 방사성 물질이 주는 공포입니다. 즉 장기적으로 중대한 영향을 미치는 것임에도 말을 바꿔치기하여 "당장 영향은 없다"며 완전히 정반대로 말하고 있는 것입니다.

이러한 것들을 저는 '원자력안전 기만 언어'라고 부르고 있습니다. 원전이란 도쿄대식 화법에 의해 탄생한 기만의 상징이며, 이런 기만과 왜곡에 의해 발생한 사건이 후쿠시마 원전 사고가 아닐까요? 즉, 원전은 도쿄대식 화법에 의해 탄생해 도쿄대식 화법에 의해 붕괴했으며, 이후에도 도쿄대식 화법에 의해 사실이 왜곡되고 있는 것입니다.

정명正名의 중요성

이러한 기만, 오늘날 일본에서 은연중에 진행되고 있는 위기, 혹은 사람을 사람이라 생각하지 않는 비인도적 행위를 저지하려면 어떻게 해야 할까요?

이에 대한 해답은 선인의 위대한 지혜에 있습니다. 공자가 살던 시대에 위나라가 있었는데, 제자인 자로가 "만약 위나라 군주가 선생님께 정치를 맡긴다면 우선 무엇부터 하시겠습니까?" 하고 묻자 공자는 이렇게 답합니다.

"반드시 이름부터 바로잡겠노라."

즉, 올바른 언어 표현을 쓰겠다는 말이지요. 정치가 혼란에 빠지고 백성을 학대하는 비인도적 참상이 일어날 때 기만적인 언어 표현이 도처에 만연하는 것은 어느 시대에나 있는 현상입니다. 이러한 사태를 바로잡기 위해서는 우선 언어 표현부터 고쳐야 한다는 것이지요.

저는 이것이야말로 정치의 본질이라 생각합니다. 앞서 말씀드린 바와 같이 기만적인 말과 표현은 현실을 외면하게 하고 사고를 정지시킵니다. 지금 여기 눈앞에 있는 위기를 먼저 현실로 받아들임으로써 인간은 비로소 고난을 극복할 활로를 모색하고 지혜를 모아 서로 협력할 수 있습니다.

이러한 '정명'운동에 솔선수범해야 하는 도쿄대 출신의 전문가와 정부 중추기관 관료들은 그러기는커녕 기만으로 가득 찬 화법과 말 바꿔치기로 국민을 속이고 있습니다. 이는 참으로 무시무시한 일입니다. 이들처럼 권력과 권위를 지닌 자가 기만적 언어에 의해 판단력을 상실하게 되면 사회는 붕괴를 향해 폭주할 우려가 있습니다.

저는 '어째서 인간사회는 폭주하는가'라는 주제로 계속 연구를 해오면서 여기에는 공통적으로 반드시 '기만'이 존재한다는 걸 발견했습니다. 거품경제를 초래한 은행과 전쟁의 참화로 망가진 1930년대의 일본사회가 폭주한 배경을 자세히 들여다보면 동일한 언어 전달 방식을 발견할 수 있습니다.

미디어를 폭주케 한 죄

후쿠시마 제1원전 사고는 대단히 전형적인 사례이지요.

앞서 세키무라 교수의 '폭파밸브'에 대해 얘기했는데, 1호기 폭발을 촬영한 지방 방송국인 후쿠시마 중앙TV는 그 영상을 4분 후에 송출하면서 "연기가 북쪽을 향해 이동하고 있다"고 보도했습니다.

그러나 전국 방송국인 닛폰TV가 방송한 것은 1시간 14분 후입니다. 영상이 너무 충격적인 나머지 현실을 받아들이지 못하고 '전문가'의 분석을 받느라 그만큼의 시간이 소요됐다고 합니다. 그 결과, 폭발 후 조용하게 유출된 '죽음의 연기'가 북서쪽을 향했기 때문에 후쿠시마현 이이타테무라飯舘村 등지에서 손쓸 새도 없이 주민들이 피폭되었다는 사실은 모두 아시는 바와 같습니다.

후쿠시마 중앙TV처럼 "하얀 연기가 북쪽을 향해 가고 있습니다만 이 연기의 정체는 현재 분석 중입니다"라고 먼저 알리는 것이 어째서 불가능했는지 무척 의문스럽습니다. 피폭의 위험에 처한 주민들에게 이 상황을 알리자는 판단을 어째서 '전문가'에게 조언을 구한 다음에야 하게 된 것일까요.

이 또한 언론계에 종사하는 보도 '전문가'들이 도쿄대식 화법에 의해 정확한 판단을 할 수 없는 상태에 빠져 있기 때문입니다. 저는 이러한 상황이 사회의 '폭주'를 나타내는 신호 중 하나라고 생각합니다.

참고로 닛폰TV가 사태를 검증하고 1시간 14분 뒤 폭발영

상과 함께 방영했던 해설 프로그램의 내용도 세키무라 교수의
해설 같은 터무니없는 '폭파밸브'설이었습니다.

'우리나라' 뒤에 숨기

이러한 사회의 폭주를 방지하려면 '잘못된 이름'을 바로잡
기, 즉 도쿄대식 화법을 고치는 수밖에 없다고 생각합니다.

태평양전쟁 당시나 거품경제 시기, 그리고 어느 시대에나
사회문제에 대해 자신의 인생을 걸고 정명 운동을 하신 분들
은 있었습니다. 단지, 유감스럽게도 학자 중에 이런 분들이 극
소수인 것이 현실이지요. 연구자금, 논문, 명성…. 여러분들도
대충은 아실 거라 봅니다만, 어용학자라는 말이 있듯이 학자
세계는 기만으로 가득 찬 세계입니다. 제 전공인 경제학계도
마찬가지입니다.

절망적 상황이긴 합니다만 놀랍게도 어용학자의 소굴인 원
자력 분야에서도 정명 운동에 인생을 바친 분들이 몇 분 계십
니다.

이 중 한 사람이 다카기 진자부로高木仁三郎 씨입니다. 다카기
씨는 도쿄대 원자핵연구소, 도쿄도립대학을 거쳐 원자력에 의
존하지 않는 사회를 지향한 민간 싱크탱크 '원자력 자료정보

실'을 설립한 시민과학자입니다. 원자력 안전 분야에서 다카기 씨의 공적을 나열하자면 끝도 없는데, 이 중 제가 특별히 주목하는 부분은 말년에 병석에서 저술하신 《원전 사고는 왜 반복되는가》(이와나미쇼텐, 2000년)입니다.

다카기 씨는 이 책에서 원자력 분야 학자들의 기만성을 정확하게 지적해 폭로했습니다.

대체적으로 그들이 쓰는 논문의 머리말을 보면 반드시 '우리나라의 전력 사업은…' '우리나라의 전력 수급 상황을 보면…' 등과 같이 항상 '우리나라는 이렇고 저렇고…' 하며 시작됩니다. 다시 말해 "내 생각은 이렇다" 혹은 "나는 이런 연구를 하는 사람인데…" 하면서 문제제기를 하는 것이 아니라 "우리나라의 원자력을 둘러싼 상황이 이렇다" 혹은 "우리나라의 전력 수급 상황은 대단히 열악하여 원자력이 없으면 지속할 수 없다. 그러므로 원자력은 필요하다"며 늘 원자력 필요론에서 출발합니다.

그러고 보니 후쿠시마 원전 사고 후 텔레비전에 질리도록 출연하던 원자력 전문가들이 무언가 해설을 할 때면 곧잘 '우리나라'라는 말을 사용했던 것이 떠오르지 않나요?

이 '우리나라'라는 말은 인체 실험을 하던 731부대가 쓰던 용어 '마루타'와 같은 역할을 합니다. '우리나라'라는 말을 앞세움으로써 무시무시한 원자력에 '자기 자신'이 주체적으로 관여하고 있음을 외면하는 것이지요. '나'는 '우리나라'라는 말 뒤에 숨어 직접적으로 관계가 없다고 자신을 기만하는 겁니다.

후쿠시마 원전이 폭발한 뒤 많은 전문가들이 '나는 상관없다'는 태도를 취할 수 있었던 것은 바로 이런 이유입니다. '사고를 일으킨 건 우리나라이고, 나는 어디까지나 방관자인데요'라며 다들 실실 웃을 수 있었던 겁니다. 앞서 말한 "원자력위원회는 안전성에 대해서는 책임을 지지 않는다"고 웃으면서 말하던 분은 진심으로 그렇게 생각하고 있는 거지요.

그러나 학자란 존재는 본래 '우리나라'가 아니라 진리를 탐구하는 '나(개인)'입니다. 원자력이란 학문 안에서 진리를 탐구해온 '나'로서 이러한 사고를 방지하지 못해 면목이 없다는 마음을 먼저 전하는 것이 정상이라고 생각합니다.

원전을 반대해온 학자의 계보에는 원전 사고 후 주목을 받은 고이데 히로아키小出裕章 교토대 조교수가 있습니다. 아시다시피 학창 시절부터 꾸준히 원전에 반대하는 입장을 호소해온 고이데 씨는 강연이나 많은 사람들 앞에서 발언을 할 때면 반드시 "원자력 분야에 관여한 관계자로서 사죄드리는 바입니다" 하고 먼저 머리를 숙이고 시작합니다.

자신에게 유리한 쪽으로, 그럴싸하게

이처럼 우리나라를 연발하는 우리나라 학자는 '어용학자'라고도 불립니다. 그들 논의의 공통적인 특징은 다카기 씨가 지적한 바와 같이 '반드시 원자력 필요론에서 출발한다'는 것입니다.

앞서 언급한 세키무라 교수가 이러한 기만적 화법을 구사하게 된 것도 '원자력 필요론'을 모든 것의 출발점으로 삼기 때문입니다.

'일본은 자원이 부족한 나라이므로 원자력을 이용해야만 한다. 마땅히 필요하여 탄생한 원자력발전소는 안전성을 고려하여 만들어졌다. 그러므로 절대로 폭발할 일은 없다'라는 신화를 전제로 연구를 해온 '전문가'입니다.

'원자력발전소는 절대로 폭발하지 않는다'고 굳게 믿고 있는 사람이 제1원전 수소폭발 장면을 보게 되면 어떤 생각이 들까요?

그 순간 사고는 정지하고, '절대로 폭발하지 않는다'는 전제에 적당히 들어맞는 다른 해석을 애써 찾게 됩니다. 그게 바로 '폭파밸브'라는 거짓말이었지요.

이처럼 자기에게 유리한 방향으로 그럴싸하게 이야기를 끌고 나가는 것이 '도쿄대식 화법의 특징 중 하나입니다.

도쿄대식 화법의 공통 법칙

저는 세키무라 교수뿐만 아니라 다양한 '전문가'들의 말을 검증해왔습니다. 원자력 분야의 연구자에만 그치지 않고 다른 분야에서 원자력발전소를 추진하는 연구자, 혹은 원자력안전위원회 같은 정부 부처의 의사록, 나아가 별 이해관계가 없는데도 기를 쓰고 원자력에 찬성하는 사람들의 블로그 등을 두루 살펴보다가 이들 화법에 몇 가지 규칙이 있음을 발견했습니다. 아직 연구 중이지만 대략 다음과 같은 규칙이 보입니다.

규칙1. 자신의 신념이 아닌 입장에 맞춘 논리를 채택하기

규칙2. 자신의 입장에 유리하도록 상대의 말을 해석하기

규칙3. 불리한 부분은 무시하고 유리한 부분만 답변하기

규칙4. 불리한 경우에는 관계없는 이야기를 꺼내 초점을 흐리기

규칙5. 아무리 엉터리여도 자신 있고 당당하게 말하기

규칙6. 자신의 문제를 은폐하기 위해 같은 문제를 안고 있는 사람을 한껏 비판하기

규칙7. 자신이 세간에서 훌륭한 사람이라 평가받고 있는 부분을 말하기

규칙8. 발언자의 속성을 멋대로 설정하여 낙인 찍고 자신은 방관자로 남기

규칙9. "오해를 무릅쓰고 소신껏 말하자면…"이라며 거짓말하기

규칙10. 희생양이 되는 대상을 모욕함으로써 독자와 청자를 협박하고 이들의 영합적인 태도를 끌어내기

규칙11. 상대의 지식 수준이 자신보다 낮다고 판단되면 무조건 자신 있고 당당하게 어려운 개념을 꺼내들기

규칙12. 자신의 논리가 합당하다며 근거 없이 단언하기

규칙13. 자신의 입장에 맞추어 유리한 말만 모으기

규칙14. 양두구육(양머리를 걸어놓고 말고기를 팔기)

규칙15. 보여주기 식의 자기비판을 통해 성실함을 연출하기

규칙16. 엉터리 논리로 연막작전을 펼쳐 주장을 정당화하기

규칙17. 이도저도 아닌 지식을 나열하여 지적 수준을 과시하기

규칙18. 이도저도 아닌 이야기를 하다가 갑자기 자신이 말하고 싶은 내용으로 유도하기

규칙19. 전체의 균형을 생각하며 중립적으로 발언하기

규칙20. "오해의 소지가 있다면 사과드립니다"라며 사죄하는 척 빠져나가기

도쿄대식 화법의 모범 문서

원전 사고 이후 '안전'을 거듭 강조한 전문가들의 발언은 대

략 이 법칙 혹은 기술을 응용한 것입니다.

물론 개인차는 있으므로 이 중 한두 개만 활용하는 전문가도 있고 모든 기술을 총동원하는 전문가도 있습니다. 예를 들어 의사록에 실린 원자력안전위원회 마다라메 위원장의 발언을 분석해 보니 이 법칙 중 다수가 적용되었음을 알 수 있었습니다. 원자력의 안전성을 검증해야 할 조직의 우두머리가 도쿄대식 화법의 달인인 판국이니 국민들이 그 설명을 이해하지 못하는 것도 당연한 일이라 봅니다.

제가 주장하는 도쿄대식 화법이 도대체 어떤 것인지 이해를 돕기 위해 한 가지 예를 들어보지요. 이는 오오하시 히로타다 大橋弘忠 도쿄대 공학계 시스템창조학 교수가 최근 공개한 〈플루서멀 공개토론회에 관한 경위에 대하여〉라는 제목의 문서입니다.

오오하시 교수는 한때 도쿄전력에 근무했던 사람이지요. 원전 추진을 공언하고 플루토늄을 원자로(열중성자로)의 연료로 사용하는 플루서멀의 안전성을 호소한 것으로도 유명합니다. "격납용기는 일억 년에 한 번 고장 나는 것" "플루토늄은 마셔도 괜찮은 것" 같은 발언으로 주목을 받은 사람이니 그 이름을 들어보신 분들도 있을 거라 봅니다.

그가 유명해진 것은 2005년 12월 25일, 일본 큐슈전력 겡카이玄海 원자력발전소 3호기의 플루서멀 계획에 대해 일본 사가

현이 주최한 공개토론회 동영상이 후쿠시마 사고 이후에 인터넷상에서 화제가 되었기 때문이지요. 이 토론회 참가자의 절반쯤이 큐슈전력 직원 및 관계자였는데, 그들이 일반인을 가장하여 토론에 참여하고 이후 여론조사에도 적극적으로 가담한 데에는 회사 측의 지시가 있었다는 사실이 훗날 드러났습니다.

오오하시 교수의 답변서는 '도쿄대식 화법의 진수'를 보여주는 듯한 기술을 곳곳에서 구사하고 있습니다. 기만적 화법이 어떤 프로세스로 면역 없는 사람들을 기만하는지 쉽게 알 수 있는 좋은 자료입니다.

또한 일본의 원자력 정책이 어떠한 기만적 화법을 통해 일방적으로 추진되는지, 이의를 제기하는 세력을 어떤 논리로 논파해왔는지 적나라하게 보여주고 있으므로 여기에 전문을 소개하고자 합니다.

플루서멀 공개토론회에 관한 경위에 대하여

플루서멀에 관하여 주간지에서 다뤄지다가 이제는 인터넷상에서도 화제가 되고 있다. 이러한 상황을 선후배, 동료, 친구, 제자, 연구실 학생 등이 이해하고 참고할 수 있도록 경위를 정리해두고자 한다.

1. 플루서멀 공개토론회의 본질

2005년 12월에 사가현 주최로 열린 토론회에 참가한 바 있다. 이 토론회는 원자력 발전의 시비를 따지는 것이 아니라 플루서멀을 실시함에 따른 안전상의 문제 유무를 따지고자 하는 것이다. 우리들은 플루서멀도 보통의 연료를 사용하는 경우와 비교해 동일 수준의 안전성을 지녔다고 설명했다.

객관적으로 봤을 때 플루서멀에 안전상의 문제는 없다. 기술적 문제점을 추궁하는 건 어려울 것이다. 그래서인지 반대하는 측에서 수증기 폭발이 일어날 것이다. 플루토늄은 1그램으로도 백만 명이 죽는다는 등 원자력 반대 진영의 일반적 선전 수법이 제기되었다.

2. 설명 책임

찬성 측이든 반대 측이든 뭔가 기술적인 사안을 주장할 땐 그 근거와 그렇게 생각하는 이유를 설명할 필요가 있다. 수증기 폭발이 일어난다는 근거는 무엇인지, 플루토늄 1그램만으로도 백만 명이 죽는다고 보는 근거가 무엇인지에 대해 물었다.

수증기 폭발에 대해서는 근거가 없다고 한다. 참고로 수증기 폭발이 일어나기 위해선 융해된 금속이 미세하게 분산되어 에너지를 그 자리에서 조용하게 축적하는 상태가 선행되어야 한다. 따라서 원자로 사고의 경우에도 수증기 폭발은 일어나지 않을 거라 생각한다.

플루토늄 1그램으로 백만 명이 죽는다는 이야기에 대해서는 단순히 이념적인 이야기를 하는 것으로, 현실적으로는 말도 안 되는 부분이라는 점과 플루토늄이 물에 잘 녹지 않는다는 점 등을 지적했다. 참고로 미국에서 잘못하여 플루토늄을 흡입한 사고가 있었고 또 핵실험에서 대량의 플루토늄이 대기권에 방출되었음에도 불구하고 현재까지 플루토늄으로 사망했다는 사례는 확인된 바가 없다.

3. 플루토늄은 마셔도 괜찮은가

플루토늄은 물에 잘 녹지 않으므로 만약 인체에 들어간다 해도 몸 밖으로 빠져나온다고 설명했으나, "그렇다면 플루토늄을 마셔도 괜찮은가?" "당신이 한 번 마셔봐"라는 반응이 있는 것 같다. 문맥을 생각하면 금방 알 수 있는 것이다. 요즘 초등학생도 이런 논의는 하지 않는다.

4. 발화 방식에 대해

앞서 언급한 경위로 반대 측 전문가를 추궁해 궁지에 몰아넣었다고 여길지도 모른다. 태도가 불손하다든가 말투가 재수 없다는 지적을 받았다. 이데올로기로 가득 찬 반대 측이 강한 선입견을 가지고 사안을 보고 있기 때문이라 생각한다.

그들의 인식 문제이므로 내가 어쩔 수 있는 문제는 아니다. 단지 자신들의 이데올로기에 "맞으면 올바르고 맞지 않으면 잘못됐다"고 하는 단순한 태도는 도무지 이해할 수 없다.

5. '짜고 치기' 사건

이 토론회에 대해 큐슈전력의 이른바 '짜고 치기' 문제가 지적되었다. 나는 사가현의 의뢰를 받고 참가한 것이므로, 발언 내용이나 질의 등에 대해 큐슈전력 측과 사전에 입을 맞추었다는 것은 사실무근이다.

객관적으로 봤을 때 이런 종류의 토론회는 찬성 측과 반대 측 모두 사람들을 동원해 각각의 입장에서 질의하는 것은 당연한 일이며, 이에 대해 별다른 불편함은 느끼지 않는 바이다. 국회 답변이나 뭐나 다 마찬가지 아니겠는가? 좀 튀고 싶은 변호사의 '조작, 짜고 치기'라는 말에 사회 전체가 농락당한 것은 아닌가?

6. 매스컴 보도

이 건에 관해서는 매스컴의 취재를 일체 거절하고 있다. 답변한 적이 없다. 기술적으로 모르는 게 있으면 물어보면 되는 것이고, 연락하는 내용을 봐도 원자력을 반대하는 입장에서 질의를 구성해 놓은 것이 많다. 이는 필시 기사의 구성도 이미 정해 놓았다는 짐작이 들게 한다.

일면식도 없는 어느 주간지 기자는 갑자기 내게 메일을 보내고서는 몇날 몇 시까지 문서로 답변을 달라고 요구했다. 도대체 얼마나 얼굴이 두꺼운 건가.

_2012년 2월 28일 도쿄대학 오오하시 히로타다

논의를 유리하게 조작하는 화법

어떤가요? 과연 그렇다고 생각하며 고개를 끄덕이는 분도 있겠고 뭐라 표현할 수 없는 불편함을 느낀 분도 있을 거라 봅니다.

제 기준에서 보면 추궁할 곳이 너무 많아 셀 수 없을 정도입니다. 우선 서두에서부터 강렬한 도쿄대식 화법을 구사하고 있지요.

객관적으로 봤을 때 플루서멀에 안전상의 문제는 없다. 기술적 문제점을 추궁하는 건 어려울 것이다.

안전하고 아무런 문제도 없다는 건 오오하시 교수가 자기 멋대로 펼치는 논리임에도 불구하고 주어를 은근슬쩍 빼먹고 '객관적'이라는 말부터 사용하고 있습니다.

잘 모르는 '일반인'에게는 마치 중립적이고 공평한 입장에 선 사람이 플루서멀이 안전하다고 평가하는 것 같은 잘못된 인상을 주게 됩니다. 바로 규칙12, '자신의 논리가 합당하다며 근거 없이 단언하기'입니다.

게다가 오오하시 교수는 상대가 기가 꺾인 틈을 타 도쿄대식 화법으로 연거푸 몰아붙입니다.

그래서인지 반대 측으로부터는 수증기 폭발이 일어날 것이다, 플루토늄은 1그램으로도 100만 명이 죽는다는 등 반원자력 진영의 일반적 선전 수법이 제기되었다.

이는 규칙8, '발언자의 속성을 멋대로 설정하여 낙인 찍고 자신은 방관자로 남기'의 응용 버전입니다. '반대 측'은 원래부터 '선전'하는 집단이라고 말하는 겁니다.

자기 자신이 당사자이자 비판의 대상임에도 불구하고 하늘 높이 떠 있는 구름 위에서 아래를 내려다보는 '조감식 해설'을 함으로써 마치 그 해설이 중립적이고 공평한 것 같은 인식을 심어주는 수법입니다.

연막탄을 던지고 빠져나오기

이어서 오오하시 교수는 반대 측에게 추가 공격을 합니다.

수증기 폭발이 일어난다는 근거는 무엇인지, 플루토늄 1그램으로도 100만 명이 죽는다고 생각하는 근거는 무엇인지에 대해 물었다. 수증기 폭발에 대해서는 근거가 없다고 한다.

이 말을 시작으로 반대 측의 주장에는 근거가 없다고 공격하고 있습니다. 당시 논쟁 상대인 '미하마, 오오이, 다카하마 원전에 반대하는 오사카 모임' 대표인 고야마 히데유키小山英之 씨는 수증기 폭발에 대한 오오하시 교수의 질문에 대해 "그렇다면 거꾸로 플루서멀로 수증기 폭발이 일어나지 않는다는 증명은 할 수 있습니까?"라고 반격한 바 있습니다. 이에 대해 오오하시 교수는 '연막탄을 던지는' 식으로 답변했습니다.

지금이 그런 수사학적인 말장난을 할 때입니까?

그러나 폭발이 일어나지 않는다는 증명의 책임은 원전의 운영자 혹은 그 대변자에게 있으므로 오오하시 교수는 이 자리에서 증명을 해야만 했습니다. 수사학을 구사해 물타기를 하는 건 오히려 그입니다. 답해야 할 사항에는 답하지 않고 본인에게 유리한 부분만 골라 대응하는 것은 규칙3, '불리한 부분은 무시하고 유리한 부분만 답변하기'를 구사한 수법이지요.

비전문가와 희생양을 모욕하기

이런 기만으로 가득 찬 토론회를 상징이라도 하듯 토론회에는 대규모 '짜고 치기'도 있었지요. 압도적으로 불리한 상황에 처해도 오오하시 교수는 도쿄대식 화법으로 아주 훌륭하게 빠져 나갑니다.

객관적으로 보면 이런 종류의 토론회는 찬성 측과 반대 측 모두 사람을 동원해 각각의 입장에서 질의하는 것은 당연한 일이며, 별다른 불편함은 느끼지 않는 바이다.
국회 답변이나 뭐나 다 마찬가지 아니겠는가? 좀 튀고 싶은 변호사의 '조작, 짜고 치기'라는 말에 사회 전체가 농락당한 것은 아닌가?

그 잘난 '객관적'이란 말이 또 나왔군요. 게다가 규칙12, '자신의 논리가 합당하다며 근거 없이 단언하기'에 더해 어차피 누구나 다 하는 일이 아니냐며 역으로 정색하고 있습니다. 권력과 이권을 가진 주최자 측이 동원하는 것과 이러한 힘을 갖지 못한 사람들이 저항하기 위해 집결하는 것을 동일선상에 놓고 취급한 데다가, 국회 답변이라는 대상까지 꺼내어 지리멸렬한 물타기까지. 이 역시 규칙5, '아무리 엉터리여도 자신 있고 당당하게 말하기'를 응용한 수법이지요.

게다가 오오하시 교수가 정말 대단하다고 생각되는 건 이 짧은 문장 안에서조차 도쿄대식 화법을 하나 더 추가해 활용하고 있다는 점입니다.

짜고 치기를 한 큐슈전력 측의 입장은 보류한 채, '좀 튀어 보고 싶은 변호사'를 공격함으로써 마치 '짜고 치기' 사안에는 문제가 없다는 양 상대를 제압하는 건 규칙10, '희생양이 되는 대상을 모욕함으로써 독자와 청자를 협박하고 이들의 영합적인 태도를 끌어내기'라는 대단히 악질적 수법입니다.

이러한 경향은 전문가, 특히 도쿄대라는 권위를 누리고 있는 전문가들 사이에서 자주 발견됩니다. 실제로 오오하시 교수도 토론회 후반부에서 상대를 '비전문가'라고 하면서 그의 발언을 제대로 듣지 않고 코웃음 치는 모습을 보이기도 했습니다.

도쿄대 관계자들만 그러한가

제가 제기하는 도쿄대식 화법이란 것이 조금은 이해가 되셨나요? 독자 여러분들께서는 한편으로 이런 생각을 하고 계신 것은 아닌지요?

"우리 회사에도 이런 식으로 말하는 놈이 있는데."
"우리 회사 상사는 도쿄대 출신은 아니지만 딱 이런 느낌인데."

2012년 1월에 《원전 위기와 도쿄대식 화법》(아카시쇼텐)을 출판한 이후 자주 들은 말이 있습니다. 자기는 도쿄대 관계자가 아니므로 이 책에서 말하고 있는 내용과는 상관없다는 겁니다. 이렇게 생각하는 이들이 의외로 상당히 많았습니다. 또 "야스토미란 놈은 자기도 도쿄대 교수이면서 도쿄대식 화법을 가지고 동료들을 헐뜯고 있다"고 지적하는 사람들도 있었지요.

이는 큰 오해입니다. 앞서 나열한 규칙들을 보면 아시겠지만 이 규칙들은 결코 도쿄대 관계자에게만 한정되는 것이 아닙니다. 이러한 화법은 일본사회 도처에 퍼져 있으며, 도쿄대와 아무 관련이 없어도 권위적인 입장에 있는 인간은 밥 먹듯 쓰는 화법 중 하나입니다. 또한 도쿄대 안에도 도쿄대식 화법을 쓰지 않는 사람이 있기도 합니다.

그렇다면 저는 왜 이를 '도쿄대식' 화법이라 이름을 지은 것일까요? 확실히 화법 자체는 일반적입니다. 그러나 도쿄대 관계자가 이 화법을 구사할 때는 다른 사람들에 비해 훨씬 더 '정교하고 완벽해' 보이기 때문입니다.

역시 일반인보다 두뇌가 비상하니 그런 거라 생각하실 수도 있습니다. 확실히 그런 점도 있겠습니다만, 도쿄대 관계자의 도쿄대식 화법이 다른 사람들을 압도적으로 능가하는 것은 바로 이들의 '불성실함'과 '균형 감각'입니다.

3대 도쿄대 문화

제가 이렇게 말씀드리면 '도쿄대 교수라는 사람이 자기 대학에 불만이라도 있는 것이 아니냐'는 오해를 받곤 합니다만, 이것이야말로 오해입니다. 원한 따위는 전혀 없습니다. 도쿄대는 제가 좋아하는 연구를 자유롭게 할 수 있도록 좋은 환경을 제공해주기에 감사하게 생각하고 있습니다. 오히려 도쿄대가 지금보다 훨씬 더 유쾌하고 생산적인 곳이 되길 바랍니다. 그렇기 때문에 이렇게 신변에 해가 될 수 있는 말이라도 위험을 무릅쓰고 하는 거지요.

도쿄대에서 생활하다 보니 일반 사회와는 상당히 동떨어진 '독특한 문화'가 조금씩 보이기 시작하더군요. 대개 '이 사람들 어딘가 좀 이상하네…'라고 생각되는 경우가 많습니다. 이곳에서 연구를 하다가 도쿄대 전체에 다음과 같은 '도쿄대 문화'라는 것이 구석구석 스며들어 있음을 깨닫게 되었습니다.

1. 철저한 불성실함
2. 뛰어난 균형 감각
3. 빠른 사무 처리 능력

예를 들어 제가 연구 대상으로 삼고 있는 것은 한 분야에서 세계적으로 유명한 모 교수입니다. 우연히 이 교수의 연구실에서 일하던 사람들의 이야기를 들은 적이 있습니다. 이 이야기를 바탕으로 그 교수의 말과 행동을 있는 그대로 관찰해 보니 대단히 충격적인 사실을 발견할 수 있었습니다.

이 교수가 세계적으로 높은 권위를 얻게 된 것은 참신한 발상이나 연구자로서의 진지한 노력과 숱한 시도 때문이 아니었습니다.

우선 여러 사람들의 아이디어를 적당히 잘라 붙인 것에 약간의 추가 연구를 보기 좋게 덧붙여 '독자적 연구'라고 발표해도 아무런 양심의 가책을 느끼지 못하는 불성실함.

연구비를 따내기 위한 신청서와 형식만 잘 갖춘 논문을 빠르게 써낼 수 있는 고도의 사무 처리 능력.

마지막으로 이러한 엉터리 사기극이 발각되지 않도록 아슬아슬한 선에서 자제심을 발휘하며, 주위에도 이익을 적절히 분배하고 다시 거두어들이는 균형 감각. 이 세 가지가 있었기 때문이지요.

이 교수만 그런 것 아니냐고 반문할지도 모릅니다. 그런데 저도 이 교수를 알고 난 뒤 주위를 둘러보니 도쿄대라는 일본 '지성'의 정점에서 어느 정도 성공했다는 사람들은 저 자신을 포함해 모두 이러한 경향이 있음을 깨달았습니다. 물론 크고 작은 개인차는 있지만요.

권위에 의해 확산되는 것

도쿄대 관계자에게 이러한 경향이 많이 보이는 데는 이유가 있습니다. 고도의 사무 처리 능력, 균형 감각이라는 건 사실 오늘날의 '대학 수험'에서 요구하는 능력이지요. 도쿄대는 두 말할 필요도 없이 이 수험 시스템의 최고봉에 군림하는 곳입니다.

다시 말해 도쿄대 관계자는 유년 시절부터 이러한 능력을 갈고닦아온 사람들이라는 겁니다. 안 그래도 이러한 능력을 갖췄는데, 여기에 '도쿄대'라는 권위가 부여되었으니 호랑이에 날개를 달아준 꼴입니다.

앞서 소개한 수법을 사용하면 이들은 기만에 가득 찬 말로 대부분의 사람들을 속일 수 있습니다. 한 번 속이는 데 성공하면 자신감이 붙어 수법이 더욱 정교하고 세련되어집니다. 이 것이 반복되어 완성된 기술이 바로 도쿄대식 화법입니다.

이러한 고도의 기술과 함께 또 다른 문제로는 '감염력'이 있습니다. '도쿄대'라는 건 일종의 사회적 권위이자 '신용'이므로, 도쿄대 관계자가 말했다는 것만으로도 그것이 곧 믿을 만한 가치 있는 정보가 되어 사회에 확산되지요.

예를 들어 도쿄대 교수가 텔레비전에서 도쿄대식 화법을 사용해 자신에게 유리하게 거짓말을 했다고 합시다. 대부분의 시청자들은 '훌륭한 도쿄대 교수님이 말한 것이니 사실일 거야'라며 의심 없이 받아들이기 십상입니다. 이 중에는 이 도쿄대 교수의 말이라며 무의식적으로 도쿄대식 화법을 토씨 하나 틀리지 않고 주변 사람들에게 그대로 전하는 사람도 있으리라 봅니다. 상대는 무언가 이상하다고 생각하면서도 "도쿄대의 훌륭한 교수님이 말했다"고 하니 믿어버리게 되는 거지요.

관료어야말로 도쿄대식 화법

이러한 감염 방식으로 도쿄대 관계자의 도쿄대식 화법은 원자력 분야뿐만 아니라 일반 기업과 국가의 중추기관에까지 널리 파고들어 있습니다.

그 대표적 예가 바로 '관료어'입니다. 중앙 부처의 행정문서에는 독특하고 난해한 돌려 말하기 방식이 사용됩니다. 일반인이 그냥 읽어보면 이쪽이든 저쪽이든 어느 쪽으로도 해석할 수 있을 만큼 핵심 내용이 애매모호해서 마치 모자이크 처리한 것으로 보입니다. 이러한 문서가 무엇을 의미하는지 해독하는 일은 쉬운 일이 아닙니다. 이것이 바로 도쿄대식 화법의 규칙들을 구사한 서술 방식입니다.

'관료어'의 자매품으로 변호사와 검사들이 사용하는 '사법 화법'이 있습니다. 법정에서 재판을 방청해본 적 있는 사람은 한번쯤 느끼셨으리라 봅니다만, 검찰과 변호사가 진술과 최종 변론 등을 낭독하는 걸 듣고 있자면 괴상하고 독특한 '돌려 말하기' 방식이 사용되고 있음을 알 수 있지요.

재판이란 '궤변 늘어놓기 시합' 같은 것입니다. 즉, 방관하면서 기만에 가득 찬 말로 상대를 궁지로 모는 도쿄대식 화법을 제도화한 것이라고 생각하면 이해하기 쉽습니다.

예를 들어 몇 해 전 리쿠잔카이陸山会 사건(일본 정치인 오자와 이치로의 정치자금 관리단체 '리쿠잔카이'와 얽힌 사건)에서 검찰이 이시카와 도모히로石川知裕 의원에 대한 조서를 날조한 사실이 발각된 바 있지요. 날조한 도쿄지검 특수부 검사가 "과거에 있던 사건과 혼동했다"고 증언한 것이 그대로 수리되어 '혐의 불충분으로 인한 불기소' 판정을 받았습니다.

범죄자의 말을 아무런 검증도 하지 않고 무조건 신뢰하는, 이런 말도 안 되는 일을 일본 검찰은 하지 않습니다. 하지만 '자기 편'에 대해서는 아주 그럴듯한 논리를 이용해 슬쩍 넘겨버리는 건 바로 규칙2, '자신의 입장에 유리하도록 상대의 말을 해석하기' 수법이라 할 수 있겠지요.

이처럼 도쿄대식 화법이란 일본사회에 확산된 기만을 덮어버리기 위해 일본사회 구석구석에서 사용되고 있는 '책임 회피 화법'이기도 합니다.

2장

'입장'이 사람보다 존중받는 사회

그들이 도쿄대식 화법을 구사하는 이유

1장에서는 도쿄대식 화법이 무엇인지를 말씀드렸습니다. 또한, 이 기만적 화법이 어떻게 일본사회 도처에 침투하고 확산되었는지도 말씀드렸지요.

그런데 한 가지 이상한 점이 있습니다. 그들이 다른 사람들뿐만 아니라 자기 자신조차도 기만하는 도쿄대식 화법의 포로가 되었다는 점입니다. 돈과 출세 같은 사리사욕을 위해서일까요? 아니면 타고난 허언증 환자이거나 사람들을 속이는 데 쾌감을 느끼기 때문일까요?

물론 개중에는 정말 이런 이유로 그런 화법을 구사하는 악인과 유쾌범愉快犯(사람들이 놀라는 반응을 즐기기 위해 범죄를 저지르는 사람_편집자 주)이 있을지도 모릅니다. 하지만 도쿄대식 화법을 구사하는 대부분의 사람들에게 '악의'는 없습니다. 대부분 대학 교단에 서는 사람, 연구자로서 밤낮으로 실험에 몰두하는 사람, 혹은 임원이나 회사원으로서 열심히 일하는 지극히 평범한 사람들이지요. 성격도 가지각색으로, 온화한 사람부터 극도로 예민한 사람까지 다양합니다.

딱히 악의도 없어 보이는 사람들이 마치 사전에 모의라도 한 듯 모두가 입을 모아 기만적 화법으로 국민들을 속이고 있습니다. 무의식중에 폭주와 범죄에 가담하고 있는 겁니다. 이야말로 도쿄대식 화법의 가장 무시무시한 면이라 할 수 있습니다.

개인 한 명 한 명은 악하지 않습니다. 그러나 이런 개인들이 집단을 이루면 엄청나게 거대한 악이 된다는 것이 이번 후쿠시마 원전 사고에서도 명백히 드러난 일본사회의 특징 중 하나입니다.

도쿄전력과 일본정부는 허술한 안전관리로 일본 전역에, 전 세계의 바다에 방사성 물질을 퍼트리고, 후쿠시마현 주민들에게 상상도·할 수 없는 고통을 주었습니다. 이는 인류사라는 큰 틀에서 봐도 매우 악질적인 범죄입니다.

게다가 이 사고를 제어하고 수습해야 할 주체는 완전히 기능을 상실했으며, 사고를 덮고 숨기기 위해 온갖 거짓말을 했다는 사실이 드러났습니다. 또한 이의를 제기하는 세력을 돈과 권력으로 와해시키거나 배제시킨 사실도 밝혀졌지요.

누가 봐도 범죄적 행위이지만, 이를 추진한 전력회사의 직원, 원자력안전원과 자원에너지청 등의 관료들은 범죄를 저질렀다는 의식이 조금도 없습니다. 자신에게 주어진 직무를 완수했을 뿐이지요. 그러므로 사고가 나도 자신과는 무관한 일인 양 태연하게 행동할 수 있습니다. 이처럼 재난 규모가 너무나 거대한 경우 수많은 사람들이 관여되어 있기 때문에 자신은 마치 죄가 없다는 듯한 태도를 취할 수 있습니다. 이를 '책임 분산'이라 부르겠습니다.

도쿄전력과 원자력안전원의 기자회견에서 관계자들이 하나같이 자신과는 무관한 일인 양 말하는 건 그들이 특별히 후안무치해서가 아니라, 이 '책임 분산'에 의해 자신에게는 어떠한 악의도 없었다고 면피할 수 있기 때문이라고 봅니다.

책임을 분산시켜 회피하기

'원자력 전문가'가 대표적입니다. 사건의 당사자임에도 '책임 분산'에 의해 마치 방관자인 양 행동하면서 기만적인 발언을 되풀이하는 것이지요. 그의 발언은 책임을 회피하면서도 자신이 피해 입지 않도록 '공평함'을 가장합니다.

이 기만성을 감추기 위해 사용되는 것이 바로 도쿄대식 화법인 겁니다. 물론 이러한 '책임 분산'은 도쿄대식 화법과 마찬가지로 도쿄대와 원전 마피아들에게 국한된 것이 아니라 일본사회 전체에서 나타나는 일반적 현상입니다.

대표적인 것이 기업의 범죄입니다. 회사의 돈을 부정한 방법으로 사용한 직원은 횡령죄로 해고되고 그 개인이 범죄자로 비난을 받지요. 그러나 회사 차원에서 손실을 숨기거나 운용자금을 부정한 방법으로 사용한 경우, 회사가 비난받는 건 당연하지만 이를 주도한 세력들은 대부분 단죄되지 않습니다. 예를 들어 몇 해 전 화제가 되었던 다이오제지大王製紙와 얽힌 사건은 '책임 분산'의 전형적 사례라 볼 수 있습니다.

창업자 일가인 전직 회장이 여러 자회사로부터 거액의 융자를 개인적으로 받은 사실이 발각되어 도쿄지검 특수부가 특별배임 혐의로 체포했습니다. 빌린 돈을 전부 카지노에 탕진했다는 사실이 밝혀진 후에는 전직 회장의 방탕한 모습이 연일 보도되었지요. 전직 회장이 창업자 일가라는 입장을 이용해 회사를 사유화한, 한번에 파악할 수 있는 부정부패 사례입니다. 참고로 이 전직 회장은 도쿄대 법학부를 졸업한 도쿄대식 화법의 달인입니다.

그런데 잠깐만요. 돈을 빌려달라는 사람도 나쁘지만 애당초 이런 말도 안 되는 부탁을 들어준 사람에게도 문제가 있지 않나요? 이러한 거액의 돈을 담당자 한 사람이 아무도 모르게 전직 회장에게 융자해줄 수 있을 리가 없습니다. 이러한 판단을 내린 간부가 반드시 존재하며, 이를 은폐한 동료들도 있을 겁니다. 그런데 이름이 오르내리기는커녕 이들을 단죄해야 한다는 목소리조차 들리지 않습니다.

즉, 전직 회장이 범죄자인 이상 이를 알고도 모른 체한 회사 측도 공범인 셈인데, 그중 누가 범죄자인지 도무지 알 수가 없습니다. '책임 분산'입니다.

일본사회는 조직 내부에서 개인의 의지가 아닌 '입장'을 이유로 가담한 악행을 어쩔 수 없는 일이라 간주합니다. 이를 잘 나타내는 것이 바로 현 경영진이 기자단에게 한 이 말이 아닐까요?

"창업자 일가에게 절대적으로 복종하는 상황으로, 이들의 요구를 거부할 수 없는 분위기가 있었습니다."

입장상 어쩔 수 없이 한 일이므로 한번 봐달라는 말이지요. 물론 이 또한 도쿄대식 화법이라는 건 말할 것도 없습니다. 규칙15, '보여주기 식의 자기비판을 통해 성실함을 연출하기'라는 수법을 통해 다이오제지를 겨냥한 '공정함에 대한 의식이 근본적으로 결여된 것이 아니냐'는 비판을 은근슬쩍 창업자 일가를 향한 비난으로 바꿔치기하는 데 성공한 것입니다.

다이오제지 사건 직후 발생한 AIJ 투자고문의 연금 횡령 사건도 이 '책임 분산' 사례에 해당합니다. 엄청난 범죄를 저질렀음에도 개인에 대한 추궁은 놀라울 정도로 약한 솜방망이 수준이었습니다.

일본에서는 악행의 스케일이 클수록 책임이 분산되어 이에 가담했던 개인들이 책임을 회피하기 쉬워지는 경향이 강합니다. 이러한 '책임 분산'을 이용해 방관자 코스프레를 하며 도쿄대식 화법으로 거짓말을 퍼트리는 것이 어용학자들입니다.

입장을 이유로 거짓말하는 어용학자

앞서 말씀드린 대로 도쿄대식 화법으로 국민들을 기만하는 어용학자들에게는 자신들이 악행에 가담하고 있다는 의식이 완전히 결여되어 있습니다. 실실 웃으면서 책임을 회피한 원자력위원회 위원장 대리인도 그렇고, 반대 측을 얕잡아보며 안전성을 선전하는 찬성 측도 처음부터 명확하게 "좋아, 오늘은 이 도쿄대식 화법으로 국민들을 속여볼까?"라고 생각하지는 않습니다. 그저 무의식적으로 마치 휘파람을 불 듯 자연스럽게 거짓말을 하는 것이지요.

그러나 그들은 원전 마피아를 구성하는 멤버로서 맡은 직무를 수행하는 데 충실한 집단입니다. 즉, 거기엔 '나'라는 것이 존재하지 않습니다. 덧붙이자면 학자로서의 신념이나 양심도 없습니다. 그러니까 '우리나라는…'으로 시작하는 논문을 쓸 수 있는 겁니다.

그렇다면 이들로 하여금 이처럼 생각하고 말하도록 하는 것은 무엇일까요? 지금까지 도쿄대식 화법을 연구해오면서 하나의 결론과 개념을 도출할 수 있었습니다. 그건 바로 '입장' 이라는 것입니다.

도쿄대의 원자력공학과 교수, 원자력안전위원회 멤버 등, 각각의 '입장'에 입각한 견해와 '입장'을 지키기 위한 궤변을 도쿄대식 화법을 구사하며 늘어놓고 있는 겁니다. 즉, 이들은 입장상의 필요에 의해 거짓말을 하고 있는 것이지요.

대답할 입장이 아닙니다?

도대체 무슨 소리인지 모르겠다는 분들도 있으리라 봅니다. 이 '입장'이라는 것이 도쿄대식 화법의 온상임을 알려주는 아주 상징적인 말이 있습니다.

"저는 그 질문에 대답할 입장이 아닙니다."

여러분들도 한 번쯤 들어보신 적 있지요? 정부 부처의 부정부패가 드러나 고급 관료들이 국회청문회에 증인으로 나와 추궁을 받으면 아무렇지도 않다는 듯 무표정하게 "저는 그 질문에 대답할 입장이 아닙니다" 하고 답합니다.

"아니, 그러면 대답할 수 있는 입장인 사람을 출두시켜주세요!" 하고 추궁하면 증인은 말을 흐립니다. 마치 '그 부분에 대해서는 아무런 지적도 말아주세요'라는 듯 곤란한 표정을 지어 보이면서.

이처럼 '입장'이란 건 책임자라고 판단되어 국회에 출두한 사람보다도 더 큰 권한을 가지고 있는 무엇입니다. 이 도무지 알 수 없는 정체불명의 개념이 이번 원전 사고에서도 몇몇 중요한 장면에서 등장했습니다.

이 중에서도 상징적인 건 어용학자라는 사람들이 부각되었다는 점입니다. 산업계와 관료계, 학계가 하나가 된 원전 마피아라는 구도가 드러나면서, 원자력에 관여하는 미쓰비시중공업과 도시바전력시스템, 히타치GE뉴클리어에너지 같은 대기업들이 그들의 연구비를 '장학기부금', '공동연구비', '수탁연구비' 같은 명목으로 부담하고 있었다는 사실도 주목을 받은 바 있습니다.

어느 매스컴이 "이 대기업들에서 자금을 따오는 학자는 원전 사고에 소극적인 태도를 취하는 것 아니냐"고 질의했는데 마치 입을 맞춘 듯 각 기업에서는 이렇게 답변했습니다.

"뭐라 말할 수 있는 입장이 아닙니다."

자금은 누가 봐도 기업의 회계 쪽에서 나오는 것이 틀림없는데 이 사실조차 언급하지 않는군요. 마치 어용학자에게 자금을 대는 것은 '입장'이며, 회사는 전혀 관여하지 않는 듯이 들립니다. 말할 필요도 없이 전형적인 도쿄대식 화법입니다.

'입장'이 사람보다 존중받다

어떤가요? '입장'이란 것은 높은 직함을 가진 사람보다도 앞서는 것이면서, 또한 오직 어떤 특정한 '역할'만 수행할 수 있다는 것도 명확해졌습니다. 일반적으로 말하는 사회에서의 명성이나 직위 같은 것이 아닙니다. 그보다 더 구체적인 무엇입니다.

사회생활을 하다 보면 한번쯤 이런 말을 들어보셨으리라 생각합니다.

"내 입장도 좀 생각해줘."

"그런 실례 되는 말을 하다니, 자신의 입장을 파악하고 있긴 하나?"

그렇게까지 깊이 고찰해보신 적은 없으리라 봅니다만, 냉정하게 생각해보면 대단히 불가사의한 말입니다. 체면도 아닙니다. 체면이란 개인적인 것이지만, '입장'은 그 사람이 속한 회사 전체와의 관계성을 띱니다. '파악한다'는 말에서도 알 수 있듯이 주위 사람과 갈등을 일으켜서는 안 되며, 그들과 운명공동체인 것 같은 인상을 받기도 합니다.

또한, 여기서도 역시 자신의 의지와 개인적 감정을 초월한 것이라는 점도 알 수 있습니다. "내 입장도 좀 생각해줘"라는 말에서는 이 사람이 아무리 괴롭고 수치심을 느낀다 해도 그 '입장'이란 것만 존중해주면 다 괜찮을 것만 같은 인상을 주기도 하지요.

"자신의 입장을 파악하라" 같은 말도 역시 자신의 기분이나 심경 등은 아무래도 상관없는 곳에 '입장'이라는 것이 존재하며, '입장'에 의해 그 사람의 행동 범위가 제한되어 있다는 인상을 줍니다.

입장을 철저히 주입하는 도쿄대

그토록 애매모호하던 '입장'의 정체가 드디어 파악되기 시작했습니다. 사실 이 '입장'을 학생들에게 철저히 주입하고 있는 교육기관이 있습니다. 다름 아닌 바로 '도쿄대'입니다.

제가 도쿄대에 부임한 이후 놀란 도쿄대의 '일상 풍경'이 있

습니다. 석사과정에 있는 학생의 논문 중간 심사 장면을 상상
해보세요. 교수와 대학원생이 토론을 하고 있습니다. 여기까
지는 다른 대학에서도 볼 수 있는 장면입니다. 그런데 토론을
할 때 학생의 논점이 흐려지거나 발언이 막힌 경우 도쿄대 교
수들은 이런 말을 자주 합니다.

"자네는 도대체 어떤 입장에서 토론을 하고 있는가? 다시
한 번 자신의 포지션을 명확히 해주게."

논점을 다시 한 번 정리해보라는 말은 자주 듣습니다. 그런
데 '포지션'을 명확히 하라는 건 제게 엄청난 문화적 충격이었
습니다.

제게 학문이란 진리를 추구하는 것입니다. 필사적인 탐구활
동 끝에 자기 자신의 고정관념과 착각, 맹점에 대해 어느 순간
깨달음을 얻고 새로운 세계를 만나 진리에 한 걸음 다가가는
것이 학문이지, 미리 '입장'을 설정하고 거기서부터 역추론하
여 사고하는 것은 학문이 아닙니다. 오히려 진리로부터 멀어
지는 작업이기 때문입니다.

이러한 방식을 따르면, 우선 자신이 연구하는 분야에서 저
명한 연구자의 '입장'을 조사하고 그 안에서 자신에게 어울리
는 '입장'을 세우게 됩니다. 그 다음 어떠한 '문제'를 설정하고
는 이를 스스로 세운 '입장'에 입각해 논하기 시작합니다. 이
렇게 되면 '입장'에 어울리는 결론이 도출되는 겁니다.

이는 사전에 설계한 '시나리오'에 부합하는 증거와 자백 내용을 짜맞추는 특수부 검찰들의 수사를 방불케 하는 장면입니다. 도쿄대는 이런 것을 학문으로 취급하고 있습니다.

진리에 대한 자신의 견해를 다듬어가는 것이 아니라, 우선 자신의 '입장'을 확인하고 그 '입장'에 맞는 토론을 전개하는 것. 예, 맞습니다. 자신의 '입장'에 맞추어 유리한 이야기만을 조작적으로 짜맞추는 것이야말로 지금까지 제가 소개한 도쿄대식 화법 그 자체입니다.

입장을 명확히 하면 유리해진다

무시무시한 국가적 위기 사태가 발생했을 때 책임자와 학자들이 구사하는 기만적이고도 방관적인 화법, 이러한 고급 화법의 달인들을 수없이 배출해온 '도쿄대'에서 이처럼 '입장'에 입각해 토론하는 훈련을 하고 있다는 건 참 흥미로운 사실입니다.

1장에서도 '도쿄대 문화'에 대해 잠시 설명했지만, 사실 도쿄대라는 건 일본의 우수한 인재들이 모인 연구교육기관이 아닙니다. 수험 공부라는 고속 사무 처리 능력에 뛰어나거나 출세 경쟁엔 물불 가리지 않지만 진리를 추구하는 학문 연구는 뒷전인 불성실함, 그 불성실함이 들통나지 않도록 하는 절묘한 균형 감각이 일반인보다 몇 배는 뛰어난 사람들이 모인 무시무시한 곳입니다.

이처럼 '뛰어난' 사람들을 완성하는 마지막 단계로서 자신의 '입장'이란 것을 확실히 주입합니다. 이렇게 단련되어 자신을 정당화하고 상대를 논파하는 기술이 도쿄대식 화법입니다.

그 증거로 도쿄대 학생이 주입당하고 있는 입장지상주의적 사고방식은 도쿄대식 화법 곳곳에서 드러나고 있습니다.

예를 들어 스즈키 아츠유키鈴木篤之라는 도쿄대 관계자가 있습니다. 도쿄대 공학부 교수, 일본 내각부 원자력안전위원회 위원장, 재단법인 에너지종합공학연구소 이사장, 독립행정법인 일본 원자력연구개발기구 이사장 등을 역임한 사람으로 소위 말하는 원전 마피아의 최종 보스급인 양반이지요.

이 양반이 도쿄대 공학부 교수 재임 시절 〈세카이世界〉(이와나미쇼텐, 1992년 11월호) 잡지에서 플루토늄 재사용은 위험하니 추진해서는 안 된다고 주장하던 다카기 진자부로 씨에게 말한 내용은 그야말로 도쿄대식 화법의 표본이라고 할 수 있는 것이었습니다. 이를 대표하는 마지막 단락을 소개합니다.

나는 우선 종합적 에너지 계획의 초기 단계에서는 어느 정도 원자력을 이용하는 것이 좋다고 생각합니다. 이때, 원자력의 이용 방법이 쟁점이 되지요.

앞서 언급한 바와 같이 자원을 가능한 절약하여 재활용하는 것이 세계적인 추세입니다. 이러한 추세를 원자력 분야에서도 충분히 적용해볼 필요가 있습니다. 이때, 아무거나 재활용하겠다는 것이 아닙니다. 적절한 규모와 타이밍을 조절하면서 추진한다는 것입니다.

여기서 또 한 가지 중요한 점은 일본이 이런 계획을 가지고 있음을 타국 사람들이 충분히 이해할 수 있도록 노력할 필요가 있습니다. (중략)

자원의 재활용을 추진하는 것에 대해서 일본이 어떻게 리더십을 발휘하는지, 이러한 맥락 속에서 원자력의 평화적 이용과 재활용에 대해 고찰할 필요가 있다고 봅니다. 단지 원자력을 포기하는 것만으로 다 해결될 일이 아니라고 봅니다.

도쿄대 교수가 학생에게 훈련시키고 있는 도쿄대식 화법 기준으로 평가하자면 100점 만점에 100점짜리 문장입니다.

우선 '입장'을 확고하게 설정하고 있지요. 원자력은 반드시 이용해야만 하는 것이라고요. 이 '입장'에 입각해서 이야기를 전개하므로 왠지 모를 논리정연함이 느껴집니다. 그런데 어째서 갑자기 '이러한 입장'에 입각해 이야기를 하는지에 대한 설명은 전혀 없습니다.

명확한 '입장'을 가지고 논의를 전개하면 왠지 그럴싸하게 들리는 법입니다. 게다가 '도쿄대 공학부 교수'라는 권위가 붙으면 금상첨화이지요.

　이처럼 상대의 기를 꺾고 들어간 다음 아무런 근거도 없이 갑자기 '쟁점은 이용 방법'이라며 이야기를 전개합니다. 이는 규칙3, '불리한 부분은 무시하고 유리한 부분만 답변하기'와 규칙12, '자신의 논리가 합당하다며 근거 없이 단언하기'를 적용한 것으로 기선을 제압한 후 일방적인 논리 전개로 순식간에 주도권을 잡는 그들의 승리 공식이기도 합니다.

'날치기'라는 상투적 수단

　일단 주도권을 쥐면 그 뒤엔 천천히 요리하려고 합니다. 스즈키 교수의 경우, 규칙13, '자신의 입장에 맞추어 유리한 말만 모으기' 수법을 구사하고 있습니다.

　이를테면 '원자력은 이용해야만 하는 것'이라고 전제하면서 '세계적으로 재활용하는 추세이니까 우리도 재활용하자'는 식의 의미가 불명확하고 자신에게만 유리한 이야기를 연거푸 전개합니다. 이어서 지리멸렬하지만 자신의 논점에 유리한 이야기들이 나열되다가 최후의 일격으로 갑자기 '단지 원자력을 포기하는 것만으로 다 해결될 일이 아니라고 본다'며 쐐기를 박습니다. 규칙18, '이도저도 아닌 이야기를 하다가 갑자기 자신이 말하고 싶은 내용으로 유도하기' 수법의 전형입니다. 상대방 입장에서는 여러 가지 정보가 뒤섞여 '그래, 저런 결론도 있을 수 있지'라며 납득해버리게 됩니다. 이른바 '날치기'에 성공한 것이지요.

이러한 사례로부터 알 수 있듯이 도쿄대식 화법이란 건 도쿄대가 생각하는 '학문'에 입각해 처음에 명확히 했던 '입장'을 지키기 위해 계산된 것으로, 여기에 이의를 제기하는 세력을 격파하는, 초합금으로 된 철면피라고 말해도 손색이 없어 보이는군요.

즉, 일본사회에서 도쿄대식 화법이 지니는 독특하고 방관적이며 기만적인 화법이 탄생한 데는 이 '입장'이라는 것이 대단히 크게 기여하고 있습니다.

기만적인 '입장 3대 원칙'

앞서 본 내용으로부터 일본사회는 '입장'이란 개념에 지배된 입장주의 사회라는 결론을 도출할 수 있습니다. 입장주의란 다른 무엇보다도 '입장'이 우선시되기 때문에 인간에게는 권한도 존엄도 없다는 의미이기도 합니다.

"그 질문에 대답할 입장이 아닙니다."

"내 입장도 좀 생각해줘."

이런 말도 입장주의라는 관점에서 대단히 쉽게 이해할 수 있습니다. '사람'보다도 '입장'이 훨씬 더 지위가 높으므로 무언가 중요한 사안에 대해 답변하는 권한이 사람에게는 없다는 것입니다.

그리고 지위가 높은 경우에도 존중받는 것은 '사람'이 아닌 '입장'입니다. 그러므로 '나'에게는 아무런 배려를 하지 않아도 좋으니 내 '입장'에게는 어느 정도 배려를 해달라는 말이 나올 수 있는 겁니다.

이러한 관점에서 일본사회 전체를 둘러보면 곳곳에 '입장'이 스며들어 있으며, 이 '입장'에 따라 다양하고 거대한 시스템이 구축되어 있다는 사실을 알게 됩니다. 기업과 관공서, 정치인 그리고 전문가와 연구자들까지, 이처럼 다양한 '입장'을 분석하다보면 일본 특유의 '입장주의'의 기본적 규칙이 드러납니다. 이것은 제가 '입장 3대 원칙'이라고 부르는 것입니다.

1. 역할을 수행하기 위해서는 무엇이든지 해야만 한다.

2. 입장을 지키기 위해서는 무엇을 하든 상관없다.

3. 타인의 입장을 침해해서는 안 된다.

자세한 이야기는 뒤에 나오겠지만, 이 3원칙에 비춰보면 도쿄대식 화법을 구사하는 사람이 도대체 무슨 생각으로 그런 기만적인 화법을 구사하는지 대략 그 실상이 보입니다. 뿐만 아니라 이 '입장 3대 원칙'에 비춰보면 일본사회에서 일어나는 기만적 사건을 모두 설명할 수 있다고도 저는 생각합니다.

'검은 조직' 같은 도쿄대

앞서 말씀드렸듯이 이 사회를 움직이는 사람들 다수를 배출하고 있는 도쿄대라는 교육기관에서 학생들이 '입장부터 정하고 생각하라', '일단 포지션을 확고히 하라'는 입장주의를 주입 받는다는 사실에 저는 커다란 불편함과 위기감을 느끼고 있습니다.

이러한 시스템을 거쳐 '입장'을 내면화한 사람들이 학문의 중심과 관청의 중추에 진출하면 어떻게 될까요? 방관자라는 '입장'에서 여러 기만적 화법을 구사하며 이 사회를 움직이는 겁니다. 이러한 '입장주의'가 도처에 확산되고 있는 것은 분명해 보입니다. 사회에 악영향을 미치는 패거리를 생산하고 있다는 의미에서 도쿄대는 마치 만화 〈명탐정 코난〉에 나오는 '검은 조직'과도 같아 보입니다.

'입장주의' 안에서 '입장'을 지키기 위해 도쿄대식 화법은 더욱더 세련되게 거듭납니다. 이렇게 부풀어 오른 기만이 원자력발전소를 만들어냈으며, 후쿠시마 원전 사고를 일으킨 것입니다. 이렇게 생각해보면 모든 사건의 흐름에 납득이 가기도 합니다.

다음 장에서는 이러한 일본사회를 지배하고 있는 이 '입장'을 도쿄대식 화법이 어떤 식으로 지키고 있는지 자세하게 들여다보고자 합니다.

3장
—

입장주의자의 탄생

입장의 원점

　도쿄대식 화법에 속지 않고 살아가기 위해서는 우선 이 '입장'의 본질이 무엇이고 대체 어디에 문제가 있는지 확실히 알아두어야만 합니다. '입장주의'에 현혹되지 않는다면 도쿄대식 화법의 기만성을 간파하는 것도 가능하기 때문이지요.

　그래서 이번 장에서는 애당초 일본사회에서의 '입장'이 무엇인지, 왜 '입장'이 그 무엇보다 우선시되는지 '입장주의'의 정체를 살펴보고자 합니다.

　우선 '입장'이란 말은 언제 생겨났을까요? 시간을 거슬러 올라가 보면 1041년 일본 나라현에 있는 도다이지東大寺 문서에서 '생물이 사는 장소'라는 의미로 쓰였던 '입정立庭'이란 말을 만나게 됩니다.

이것이 중세시대가 되면서 '장사를 하는 장소'라는 의미로 쓰였으며, 근대에는 '의식과 행렬이 있을 때 서 있을 장소'라는 의미로 '입장'이라는 말이 등장합니다.

상인 입장에서 상품을 판매할 장소가 없으면 살아갈 수 없듯이, 의식과 행렬에서 서 있을 장소가 없는 무사는 녹봉을 상실하는 것과 마찬가지이니 이 또한 살아갈 수 없다는 말입니다. 즉, 중세나 근대에 '입장'은 '생물이 살아가기 위한 장소'라는 간단한 의미에 불과했던 것이지요.

그렇다면 현대는 어떨까요? '입장'이란 말의 의미를 사전에서 찾아보면 이렇게 나옵니다.

1. 사람이 서는 장소, 서 있는 곳
2. 어떤 사람이 놓인 지위나 사정, 또는 면목
   예시 : 입장을 분명히 하다, 입장을 밝히다
3. 어떤 상황에서 발생하는 사고방식, 관점, 입각점
   예시 : 의사의 입장에서 한 발언, 찬성의 입장을 취하다

도쿄대 교수가 학생들에게 주입하고 있는 '입장'은 이 중 3번에 해당합니다. 다시 말해 살아가기 위한 장소에서 갖는 관점과 사고방식으로, 인간 존재 자체에 관여할 만큼 의미가 확

장되었지요. 이는 근대에 들어 '사람과 입장'이란 것이 의미하는 바가 크게 변화했기 때문이라고 저는 생각합니다. 더 자세히는 제 다른 책《원전 위기와 도쿄대식 화법》에서 논의했으므로 여기서는 대강의 흐름만 짚고 넘어가도록 하겠습니다.

'이에'로부터 분리되어 '입장'으로

에도시대 사람들은 '이에家'(중근세 일본사회의 구성 단위인 친족 집단)를 단위로 생활했지요. 사람은 '이에'에 소속됨으로써 '이에'를 대표해 사회의 역할을 수행하고 있었습니다. 더 정확히 말하면 '이에'가 하나의 생명체로, 사람들은 이를 구성하는 요소였다고 말할 수 있습니다.

이를 상징하는 것이 중세시대의 '주택검단住宅檢斷'입니다. '마을' 안에서 살인사건이 일어나면 주민들은 그 범인이 사는 집을 불태우고 경우에 따라서는 그 '이에'에 속한 사람들을 모두 처형하기도 했습니다. 범인만 처벌해도 충분하지 않나 생각할 수도 있지만 당시 사람들은 '이에'를 하나의 생명체로 인식하고 있어 범인 한 사람이 아닌 '이에가 죄를 저질렀다'고 생각한 것입니다. 심지어는 범죄가 발생하면 도망친 범인은 내버려두고 집만 불태워 사건을 처리하는 경우도 자주 있었습니다. 참고로 이는 가츠마타 도쿄전력 전 회장의 형인 가츠마타 시즈오勝俣鎮夫 도쿄대 명예교수(역사학 전공)가 밝혀낸 것으로, 가츠마타 교수는 '이에'가 문자 그대로 생명체였다고 설명한 바 있습니다.

이처럼 '이에'가 생명체라면 사람은 어디까지나 이에의 '세포' 같은 것이었다고 볼 수 있습니다. 중세시대의 전쟁이 이해를 돕는 좋은 사례입니다. 중세시대에도 자주 있는 일은 아니었지만, 구니國(중세 서양의 장원에 해당하는 중세 일본의 행정 단위)에 사는 사람들에게는 '군역'이란 것이 부과되곤 했지요.

무사뿐만 아니라 농민도 '이에'를 대표해 가장이 갑옷과 창을 들고, 또는 인부로서 전장에 나갔습니다. '이에'는 사회의 '역할'을 수행함으로써 사회로부터 존속을 허락받는 구도가 있었던 거지요. 오늘날에도 읍이나 면 단위의 마을에서 대청소를 할 때 집집마다 한 명씩 나오기로 정하기도 하는데, 이러한 풍습의 잔상입니다.

그런데 메이지시대가 되면서 이러한 풍토가 크게 변화했습니다. 메이지 헌법에 의해 근대국가에 '신민', 즉 '국민'이란 개념이 도입되었고 '이에'가 아닌 '개인'에게도 역할이 부여된 것이지요.

전쟁을 위해 상설된 군대에는 징병제에 따라 '이에'가 아닌 '개인'이 소집되었습니다. '나라를 위해서'라는 말이 있었듯이 개인이 어떤 역할을 수행해야만 하는 시대가 되었고, 이를 수행할 수 없던 자는 '쓸모없는 자'라며 주위로부터 냉대받는 처지에 놓이게 됩니다.

여전히 '이에'에 속해 있던 사람들에게 '개인'이라는 틀이 주어지자 '이에'로부터 분리되기 시작합니다. 여기서 생겨난 것이 '입장'이었다고 저는 생각합니다.

감정을 버리고 사명감에 매진하기

근대에 들어 '이에'와 분리되어 '개인'이 되었다고 하지만 일본에서는 개인이 온전한 개인으로서 존중되는 일은 없었습니다. 그 '개인'들은 이제 '입장'이란 것에 묶이기 시작했습니다. '이에'를 위해 '역할'을 수행해야만 했던 사람들이 '입장'을 위해 '역할'을 수행해야만 하는 시대가 온 것입니다.

이러한 경향이 심해져 사회 전체가 '입장'에 지배되던 시기가 바로 태평양전쟁 때였다고 저는 생각합니다. 이를테면 스물아홉의 나이로 오키나와 전투에서 죽은 도쿄대 출신 남성은 전황이 악화되는 상황에서 본토에 있는 아내에게 이런 편지를 씁니다. 이 편지에는 '입장'에 대한 당시의 인식을 엿볼 수 있는 대목이 나옵니다.

지금의 나는 강한 나로서 존재해야만 합니다. 외롭고 슬프다는 감정을 떨쳐버리고 주어진 사명과 임무에 충실해야만 하는 입장에 있습니다. 모든 것을 잊고 오직 마지막까지 싸우고 또 싸워내고자 합니다. 《영령의 말(1)》, 야스쿠니신사 발행

사랑하는 사람과 떨어져 홀로 죽어가는 것은 외롭고 슬픈 일로, 인간으로서 당연히 느끼는 감정입니다. 이를 억누르고 주어진 '역할'을 수행해야만 했군요. 그 역할이 죽는 일이라 해도 완수해야만 했던 것이 이 시대의 '입장'이었습니다. 1천 년 전에는 '생물이 사는 장소'라는 의미였는데 완전히 다른 의미로 다시 태어난 것이지요.

과거엔 이런 슬픈 시대도 있었구나 하는 데 그쳐서는 안 됩니다. 인간으로서 감정을 억누르고 '역할'을 수행하기 위해 전력을 다해야만 했던 '입장'이란 개념은 2차 대전이 끝난 이후 현대에 이르기까지 끊이지 않고 일본사회에 이어져오고 있습니다. 그 대표적 예가 현대 일본의 기업이지요.

인권을 존중하지 않는 일본사회

일본 헌법에는 '기본적 인권 존중'이라며 개인의 자유가 보

장되어 있다고 나와 있지만 사실 대부분의 직장인들에게 그런
건 없습니다.

"이 일은 너무 괴로우니 저는 도저히 못 하겠습니다."

이런 말을 입 밖으로 내는 순간 졸지에 '쓸모없는 놈'이라는
낙인이 찍혀 '입장'을 잃게 됩니다. 괴롭고 고통스러운 감정
따위는 떨쳐버리고 사명과 임무에 매진해야만 하는 '입장'. 이
것이 직장인이 우선적으로 지켜야 하는 가치입니다.

'입장'을 지키기 위해선 '역할'을 수행해야만 하며, 이를 위
해 몸을 혹사하는 것은 물론, 이렇게 일만 하다 죽을 것 같아
도 무리를 할 수밖에 없습니다. 회사를 위해 무리하게 일하다
죽은 사람은 나라를 위해 몸을 바친 사람처럼 존경받습니다.

직장인이 괴로워하며 '역할'을 방기하면 무책임하다는 비판
과 함께 '입장'을 상실하지만 '입장'을 지키고 '역할'을 완수하
기 위해 일하다 과로사하면 '훌륭하다'며 기려집니다.

이처럼 개인의 사정보다도 '입장'이 존중되는 것이 일본의
'기본적 인권 존중'의 정체입니다. 일본 헌법에는 '기본적 인
권'이 명시되어 있지만 실제로 기능하고 있는 것은 '모든 사람
의 입장은 존중되어야만 한다'는 '입장주의'인 겁니다.

주목받는 인권 침해 사례들을 자세히 살펴보면 대개 인권이
아니라 '입장'이 침해당한 경우가 많습니다. 일본인은 인권을
침해당해도 크게 문제로 삼지 않지만 '입장'을 침해당하면 큰

충격을 받고 분노합니다.

예를 들어 무보수 잔업이 이를 잘 나타내는 상징이겠지요. 정당한 대가를 지불하지 않고 장시간 노동을 시키는 것은 인권 침해이지만 주변에 호소를 해도 대부분 "요새는 어딜 가도 다 그렇지 않나?"라는 반응으로 일축할 뿐입니다.

그런데 온 힘을 다해 역할을 수행하다가 직급이나 근무지가 좌천이라도 되면 주변 사람들은 대단히 동정해주지요. 일본사회에서는 인권보다도 '입장'이 푸대접받는 것이 훨씬 더 큰 문제인 겁니다.

종신고용이 탄생한 배경

이런 이야기를 하면 '체면이 구겨졌다는 말인가?'라고 생각하는 분들이 있습니다. 하지만 여기서 말하는 '입장'과 '체면'은 다른 것입니다. 확실히 일어사전에는 '입장'의 의미에 '체면'이 포함되어 있습니다. 하지만 '체면'이란 고집이나 오기, 면목과 비슷한 사적인 감정입니다. 태평양전쟁 때 사망한 병사나 과로로 죽은 회사원은 오기를 부리거나 체면을 지키기 위해 목숨을 바친 것이 아니라 그 '입장'에 서서 역할을 완수하려 했던 것일 뿐입니다.

근대국가가 된 일본에서 사람들은 '이에'를 대신하여 '입장'에 엮이게 되었습니다. 앞서 말했듯이 '유대'라는 끈에 매인 '입장의 가축'이 된 것이지요. 이런 '입장주의'가 태평양 전쟁부터 오늘날까지 이어지고 있다는 것이 제 생각입니다.

이런 관점에서 일본사회를 보면 2장에서도 언급한 바와 같이 우리를 구속하고 있는 '입장'에는 3대 원칙이 있음을 알 수 있습니다. 중요한 부분이므로 다시 한 번 소개하고자 합니다.

1. 역할을 수행하기 위해서는 무엇이든지 해야만 한다.
2. 입장을 지키기 위해서는 무엇을 하든 상관없다.
3. 타인의 입장을 침해해서는 안 된다.

1번은 전쟁터의 병사와 과로사한 직원의 경우이지요. 2번은 도쿄대식 화법이 그 대표적 사례입니다. 원전 마피아의 일원이라는 '입장'을 지키기 위해서 어떤 거짓말도 그럴 듯해 보이도록 꾸미는 것. 이러한 기만에 대해 사회는 의외로 관용적입니다.

이는 기업의 범죄에도 적용할 수 있다고 생각합니다. 사리사욕을 채우기 위해 회사 돈을 횡령한 사람은 엄격하게 단죄됩니다. 하지만 회사의 존속을 위해 회계 부정을 저지르거나 부정부패를 은폐하는 사람은 법적인 처벌을 받기는 해도 회사로부터 '공로자'로 인정받아 후한 대접을 받고 복직되거나 계열사에 재취직하는 경우가 많습니다. 회사의 입장을 지키기 위해 취한 행동은 모두 정당화되는 것이지요.

3번도 여기에 해당하는 부분이 있습니다만 더 알기 쉬운 건 일본기업의 '종신고용제'입니다. 타인의 입장을 경시하면 원한을 삽니다. 자신의 입장도 함께 위험해질 수 있으니 일단은 타인의 입장도 존중해주는 것. 지방으로 좌천시키거나 인권을 침해하는 일이 있어도 무조건 정년을 보장할 테니 내 입장도 존중해달라는 것. 이것이 바로 종신고용제를 지탱하는 기본적 사상입니다. 정부 부처뿐만 아니라 민간 기업들이 수많은 자회사를 두고 낙하산 인사를 꽂는 것도 바로 이 때문입니다.

은행원 시절에 느낀 의문

이런 생각에 이르기까지, 그간의 연구 활동뿐만 아니라 제가 직장인이던 시절 직접 경험한 것도 크게 작용했습니다.

대학을 졸업하고 저는 스미토모은행(현 미쓰이스미토모은행)에 입사해 2년 반 동안 은행원이라는 '입장'에서 '역할'을 수행하고자 필사적으로 일한 적이 있습니다. 거품경제가 형성되기 시작한 시기이기도 해서 아침부터 밤까지 눈이 뒤집히도록 바쁜 나날을 보내고 있었지요. 그런데 늘 이상하다고 여기던 점이 있었습니다.

저는 정말 열심히 일했습니다. 날마다 잔업은 말할 것도 없고 야근은 물론, 일요일에도 일을 집으로 가져가야만 했지요. 하지만 일을 하면서도 어떻게 제가 받는 급여가 발생하는지 그 구조를 도무지 이해할 수 없었습니다. 은행의 수익구조에 대해 이야기하고자 하는 것이 아니라 제가 날마다 처리하는 업무가 어떤 가치를 창출하는지 실감이 나지 않았던 겁니다.

당초 은행원이 된 이유는 사업을 하려는 의욕 있는 사람에게 자금을 제공하고 그 사업이 성장하는 과정에서 또 다시 돈을 빌려줌으로써 경제성장에 공헌하는 일을 하고 싶었기 때문입니다.

그렇지만 은행은 이런 일을 하는 곳이 아니었습니다. 제가 하던 일은 그다지 돈은 필요 없지만 자산이 많은 사람에게 저당을 잡혀 "돈을 빌려가주세요" 하고 부탁하거나, 사업을 시작하거나 확대하기 위해 돈이 너무나도 필요한 사람에게는 "담보가 없으므로 빌려드릴 수 없습니다" 하고 거절하는 일이었지요. 아무리 생각해도 아무런 가치를 창출하지 않고 있는데 어떻게 월급은 그럭저럭 남부럽지 않게 들어오는지, 그 구조를 도무지 알 수 없어 정신적으로 괴로웠던 시절이기도 했습니다.

모든 비즈니스는 세관으로부터

이 의문에 대한 해답은 은행을 그만두고 대학원에 들어가 연구를 시작한 지 20년 가까이 흘러서야 비로소 얻을 수 있었습니다.

제 책《경제학의 출항》(NTT출판)에서 자세히 다룬 바 있는데, '세관자본주의'라는 창으로 은행을 살펴보면서 저 자신이 은행이라는 세관의 보수점검을 하는 담당자에 불과했음을 깨달았습니다.

세관자본주의란 커뮤니케이션의 보틀넥bottleneck을 만들어 그곳을 지배함으로써 거대한 이익을 얻는 시스템입니다. 저는 이 시스템이 유일한 '이익의 원천'이라고 보고 있으며, 근대에 탄생한 제조업에서 현대의 IT비즈니스까지 모두 '세관'이란 개념으로 설명할 수 있습니다.

'세상에 그럴 리가'라고요? 이를테면 자본주의란 자본가가 노동자를 착취하는 게 아니냐고 반문할 수도 있습니다. 그렇다면 자본가가 노동자를 착취할 수 있는 이유는 '공장'이라는 보틀넥을 점령하고 있기 때문입니다. 공장에 오지 않으면 노동자는 상품을 만들 수 없습니다. 즉, 이는 '세관'을 점령하고 있는 것과 같습니다.

자동차 제조업체를 예로 들어 설명하지요. 하청 공장과 부품 제조업체는 그들의 힘만으로는 자동차를 제조할 수 없습니다. 자동차 제조업체라는 '세관'을 통과하지 않으면 그들의 제품은 자동차로 탄생할 수 없는 겁니다. 자동차를 원하는 고객 역시 이 '세관'을 통과하지 않으면 자동차를 살 수가 없습니다. 즉, 보틀넥을 점령함으로써 이익을 빨아들이는 것. 바로 이것이 20세기 최전성기를 누리던 '세관자본주의'의 구조입니다.

자동차와 금융은 비즈니스 모델이 완전히 다를 거라 보는 분도 있습니다. 그러나 사실은 그렇지 않습니다. 사실 은행의 비즈니스란 '돈 빌려주기'가 아니라 '관리하기'입니다. 개인부터 기업까지 방대한 양의 계좌를 관리하여 그 수수료와 금리차에 의한 이익을 적지만 아주 넓은 범위에서 빨아들이는 것, 다시 말해 '세관 통행료'로 돈을 버는 겁니다.

이런 의미에서 은행이란 다른 비즈니스에 비해 보다 솔직하고 순수한 '세관자본주의'라고 할 수 있겠지요.

관혼상제를 챙기는 일이 가장 중요한 입장사회

제가 은행원 시절 아침부터 밤까지 일하며 융자를 원하는 상대에게 "담보를 제공하세요"라고 말하던 일은 스미토모은행이 보틀넥에서 이익을 빨아들이는 구조의 일부였던 것입니다. 저는 스미토모은행이라는 거대한 '세관'의 보수점검 담당자 '입장'에 있던 한 명으로, 제가 스스로 뭔가 의미 있는 일을 해서 이익을 창출한 것이 아닙니다.

이런 일은 제게 국한되는 이야기가 아니지요. 예를 들어 모거대 은행의 본점 영업부 같은 잘나가는 부서의 직원이 하루도 빠짐없이 하는 일이 있습니다. 본점 영업부라는 말만 듣고 일을 척척 해내는 뱅커banker들이 거액의 융자 계약을 성사시키는 모습을 상상하고 계시나요? 유감스럽게도 현실은 그렇지 않습니다.

그들이 출근해서 가장 먼저 하는 일은 신문의 부고란에 거래처나 정부 부처의 관계자, 그리고 그들 가족의 이름이 있는지 확인하는 것입니다. 이름을 발견하면 누구보다도 빨리 근조 화환을 주문해 눈에 가장 잘 띄는 자리에 놓아달라고 유족들에게 부탁합니다. 게다가 장례식장에서도 가장 앞줄의 좋은 자리를 자기 회사의 중역인 누군가가 올 때까지 맡아놓습니다. 이와 마찬가지로 관계자의 가족과 친인척 중 결혼하는 사람이 없는지 수소문해 회사의 중역을 참석시키거나 축하 전보를 칩니다.

거래처의 관혼상제에 주거래 은행으로서 얼굴 도장을 찍는 것, 이렇게 함으로써 관계를 유지하는 것, 이는 바로 '세관'의 보수점검 이외에 그 어떤 것도 아닙니다.

이런 구조는 은행뿐만 아니라 모든 업종과 관공서, 조직에도 적용됩니다. 우리들은 정말로 일을 하고 있다는 착각에 빠져 있지만, 실은 근대에 등장한 '거대 세관 시스템'의 보수점검 담당자라는 '입장'에 서서 세관의 유지를 위해 그 '역할'을 완수하고 있을 뿐입니다.

증식하는 책임과 역할

일본사회의 '좋은 입장'이란 것이 '거대 세관 시스템'의 보수점검 담당자에 불과한 것이라면, 전후 경제성장에서 오늘날의 폐색감에 이르기까지 모두 설명이 가능해지지요.

거대한 기계를 만들어 거대한 시스템을 구축한 '세관'은 보수점검에 손이 많이 갑니다. 보수점검이란 기술이 아무리 발전해도 기본적으로 인간이 수행하는 일입니다. 점검하는 사람, 보고를 받는 사람, 보고를 모아 정리하는 사람, 그리고 이를 확인하고 피드백 하는 사람 등… 시스템이 거대할수록 보수점검을 하는 '입장'들이 눈덩이처럼 불어납니다. 이를 대표하는 상징적 존재가 바로 원자력발전소입니다.

원자력시설이라는 거대한 기계가 있습니다. 이 기계의 보수점검만 해도 방대한 '입장'이 필요하지요. 그런데 여기에 더해 이 보수점검이 적절히 이루어졌는지 다시 보수점검을 하는 '입장'이 만들어집니다. 결국에는 보수점검보다도 '입장'을 만들어내는 것이 목적이 되어 '입장'을 위해 조직이 만들어지고 이를 위해 또 다른 원전이 만들어지는 구조입니다.

여기서 하나하나 열거하지는 않겠지만 원전 사고 후 '원자력'이란 이름이 붙는 재단법인이 일본 전역에 엄청 많다는 사실이 밝혀졌는데, 이곳들이 모두 정부 부처와 전력회사의 낙하산 인사의 거점으로 기능하고 있음이 드러난 바 있지요. 이러한 원전 마피아는 바로 거대 세관 시스템을 이용한 '입장'의 집합체입니다.

이 원전 마피아에는 까무러칠 정도로 방대한 '입장'들이 줄줄이 이어져 있습니다. 앞서 말한 '입장 3대 원칙'을 떠올려주세요. '입장'을 지키기 위해서는 어떤 일을 해도 용인되며, 또 타인의 '입장'은 침해해서는 안 됩니다.

어용학자가 자신의 '입장'을 지키기 위해 거짓말을 하는 것. 또한 원전 마피아에 한 다리 걸치고 있는 동료들의 '입장'을 침해하지 않도록 이도저도 아닌 두루뭉술한 발언만을 되풀이하는 것. 이는 원전 마피아가 원자력발전소라는 거대한 기계 안에 맞물려 있는 '입장'의 집합체이기 때문입니다.

기술혁신을 무용지물로 만드는 입장사회

거대한 기계와 세관 시스템에서 한자리 차지하고 자신의 입장을 지키면서 타인의 입장도 존중하다 보면 어느새 정년퇴직…. 예전의 일본은 이러한 구조로도 별 탈 없이 잘 굴러가긴 했습니다. 일본의 기업은 '거대한 기계'에서 자동차와 텔레비전 같이 '작은 기계'들을 생산하여 이를 세계 시장에 판매함으로써 고도의 경제성장을 이룩했습니다. 당시에는 거대한 기계군으로 구성된 시스템을 어떻게 질서정연하게 운영하는지가 경제의 보틀넥이었기 때문에 가능했던 일입니다. 이 덕분에 일본의 입장주의는 세상에 그 어떤 나라도 흉내 낼 수 없을 정도로 빈틈없이 작동하고 있었지요. 다시 말해 세관자본주의 시대에 일본의 입장주의는 전성기를 누렸던 겁니다.

세관 장사가 잘 되면 보수점검 담당자도 끊임없이 증가합니다. 일본에서 다양한 '입장'이 증가해왔지요. 이에 더해 거듭되는 기술혁신으로 일본은 세계에서도 손꼽히는 경제대국으로 성장했습니다.

하지만 이런 시대는 이미 종언을 고했습니다. 거대한 기계가 생산하던 작은 기계는 기술의 진보로 더욱 작아지고 얇아지고 가벼워졌고, 컴퓨터와 휴대전화가 대중적으로 보급되기 시작했습니다. 컴퓨터와 네트워크를 전제로 한 사회는 기본적으로 수평적인 관계로 이루어집니다. 개인과 개인이 직접 연결될 수 있으므로 누구나 컴퓨터와 네트워크를 통해 일제히 정보를 공유할 수 있습니다. 다시 말해 연락 담당 직종에 있던 사람들은 그 '입장'이 사라질 위기에 처한 것이지요.

앞에서도 봤듯이 일본에서 인권 침해는 비교적 묵과되는 경향이 있지만 '입장'의 침해만큼은 절대 용인되지 않습니다. 필연적으로 '거대한 경제 시스템'은 컴퓨터와 네트워크를 부정하려는 움직임을 보이게 됩니다.

예를 들어 요즘엔 노트북과 태블릿 PC를 한 사람당 한 대씩 지급하는 회사가 많습니다. 이런 것을 적절히 활용하면 어디에서도 정보를 공유할 수 있으므로 일부러 사무실에 모일 이유도 없어집니다. 그런데도 대다수의 일본기업은 지금도 노트북과 태블릿 PC를 일제히 들고 와서는 같은 사무실에 모여 얼굴을 마주보고 회의를 합니다. 품의서를 일부러 인쇄해 상사에게 제출하여 도장을 받습니다. 그리고 자기 컴퓨터로 네트워크에 로그인해 '도장이 날인되었다'는 사실을 입력합니다.

어째서 이런 일을 하는 걸까요? 컴퓨터 네트워크를 전제로 조직을 만들면 무수하게 많은 '입장'들이 소멸하기 때문입니다. 정말 우스운 이야기이기도 합니다만, 일본인은 '입장'에 의해 기술대국으로 성장했지만 이제는 그 '입장'으로 인해 자신들이 만든 기술을 활용하지 못하고 있는 셈입니다.

기술이 발전해도 사라지지 않는 절차

은행원 시절 저는 이런 장면을 직접 목격했습니다. 어느 날부터인가 사내 문서를 컴퓨터로 처리할 수 있게 되면서 서류를 수기로 작성해 상사의 도장을 받는 귀찮고 복잡한 작업으로부터 해방될 거라는 기대감에 잔뜩 부풀어 있었습니다. 신제품의 워크스테이션을 만들어 서투른 키보드 조작으로 내용을 입력하여 사내 품의서를 작성해 '제출' 버튼을 눌렀습니다.

과연 어떻게 됐을까요? 네트워크에 전송했으니 이것으로 업무가 일단락되었다고 생각하며 눈치를 살피고 있었습니다. 그러자 갑자기 가까이 있던 거대한 인쇄기가 '윙' 하는 소리를 내며 인쇄를 준비하더군요. 호기심에 가득 차 가만히 살펴보니 불과 어제까지 수기로 작성하던 품의서가 인쇄되어 나온 겁니다.

그 순간 받은 충격 혹은 한심함은 지금까지도 잊지 못합니다. '컴퓨터화'란 깨끗하게 인쇄되는 것 그 이상도 이하도 아니었던 겁니다. 저는 '이건 정말 아니야! 도대체 무슨 의미가 있는 거지?'라고 생각했지만 이런 일을 가지고 하나하나 따지기 시작하면 은행원으로서는 실격입니다. 재빨리 정신을 차리고 인쇄된 품의서에 전과 같이 연필로 사유를 기입하여 인감을 날인하고 상사에게 제출했습니다.

참고로 이러한 쓸데없는 시스템이 1980년대 후반에 널리 확산된 모양입니다. 이로 인해 화면에 표시된 전표에 인감을 날인해 모니터를 더럽히는 과장들이 속출했지요. 여기서 인감 제조업체인 샤치하타가 '전자인감 시스템'을 개발했습니다. 컴퓨터의 2차원 화면 서류에 전자인감을 날인하는 것으로, 동일한 모양의 3차원 실물 인감도 끼워서 줍니다. 화면상이나 서류상에서 모두 동일한 인감 모양을 날인할 수 있는 대단히 우수한 기술로 오늘날에도 잘 팔리고 있답니다.

이 전자인감의 판매는 재해나 독감 유행 등으로 출근할 수 없을 때도 승인 업무가 가능해졌음을 의미합니다. 그런데 이만큼이나 네트워크 기술이 발전했음에도 '상사가 도장을 찍는' 절차가 사라지지 않았다는 건 어딘가 이상합니다. 품의서와 전표에 날인을 없애는 방법은 얼마든지 있는데도 실천하지 않습니다. 이는 어쩌면 도장을 찍는 행위가 '입장'을 상징하기 때문이 아닐까요? 날인을 없애는 기술은 타인의 입장을 위협하는 일이므로 일본에서는 받아들여지지 않는 겁니다.

신입사원이 회사를 금방 그만두는 이유

이렇게 도리에 맞지 않는 엉터리를 고집하다 보면 시스템이 당연히 붕괴됩니다. '세관'을 통과하는 이용자가 줄어들어 세관은 점점 더 파리만 날리게 됩니다.

그러나 보수점검 담당자만은 한결같이 늘어나는군요. 다시 말해 아무도 통과하지 않는 세관에 인감을 닦으며 기다리는 보수점검 담당자들만 잔뜩 모여 있는 상태가 오늘날 일본의 모습입니다. 일본이 이런 얼빠진 일에 시간을 허비하는 동안 다른 나라의 경쟁력이 향상하여 일본은 원래의 지위를 크게 위협받게 되었습니다.

경제성장 시기에는 보수점검 담당자라도 나름의 '보람'이 있었습니다. 저와 같은 의문을 느낀 사람도 있었겠지만 영문도 정체도 모르는 일이라 해도 '입장'을 지키는 것이 궁극적으로 어떤 가치를 창조했기 때문에 어느 정도의 보람은 있었던 것이겠지요.

그러나 오늘날에는 어떤가요? 세관은 통행자가 뜸해져 거대한 부를 창출하지도 못하고 있습니다. 주변을 둘러보면 별로 할 일도 없는 아저씨들이 '입장'에 매달려 있습니다. 충만한 의욕으로 새롭게 '입장'을 부여받은 청년 신입사원들이 점차 '보람'은커녕 자신이 도대체 뭘 하는지도 모른 채 허무감에 빠지는 건 당연한 일입니다.

대졸 신입사원이 회사를 금방 그만두는 현상이 최근 자주 지적되고 있습니다. 이는 청년들이 근성이 없기 때문이 아닙니다. 일본의 '세관자본주의'가 붕괴하고 있으며, 산산조각 난 '입장'에 유대로 엮이는 것에 아무런 보람도 느끼지 못하기 때문이라고 저는 생각합니다.

오로지 입장을 지키기 위해서

오늘날 컴퓨터라는 작은 기계의 네트워크가 발달하면서 거대한 기계가 별로 필요하지 않게 되었습니다. 기존의 거대한 세관 경제 시스템은 더 이상 성립하지 않게 된 셈이지요.

그러나 주변을 둘러보세요. 여전히 일본 기업은 종신고용제를 구가하며 낙하산 인사를 위한 독립 행정법인과 사단법인, 자회사가 난립해 '입장'만은 겨우 지키고 있습니다. 이제는 거대 기계가 없는데도 '세관'과 여기에 들러붙어 있는 '입장'만이 남아 있는 것이 오늘날 일본사회의 실태입니다.

근대국가의 성립과 함께 탄생한 '입장'이란 개념은 태평양전쟁 때 완성되어 경제성장과 함께 일본사회 구석구석에 급속도로 침투했습니다. '세관자본주의'의 붕괴와 함께 기업과 조직이 와해되고 있는데도 '입장'만은 자기증식을 멈추지 않고 있습니다. 이러다가 오직 '입장'만 남게 될지도 모릅니다.

거대산업이 쇠퇴하고 경제가 축소되는 가운데 '입장주의'만이 팽창을 지속하고 있습니다. 다시 말해 일본은 '입장'을 지키는 것만이 목적인 순수한 입장주의 사회가 되어버리고 말았다는 뜻입니다.

원자력위원회의 궤변과 조작

그렇다면 순수한 입장주의 사회에서는 어떤 일들이 벌어질까요? 우선 사회가 폭주하기 쉽습니다. 가장 쉬운 예가 이번 후쿠시마 원전 사고이지요.

일본에는 일단 원전을 추진하겠다는 '입장'이 있습니다. 그 입장을 지키기 위해 '원자력안전위원회', '원자력공학 전문가' 같은 '역할'이 부여되고 어용학자가 탄생합니다. 이 모두가 '입장'을 지키기 위해 날조된 것이므로 각각에게 결정권은커녕 자유의사조차 없습니다.

앞서 말했지만 스즈키 다츠지로 원자력위원회 위원장대리인은 원전 사고가 일어난 직후 "우리 일은 원자력 추진이지 안전이 아닙니다"라고 말해 물의를 빚은 적이 있습니다.

일단은 자기 멋대로 자신의 '입장'을 못 박아두고 '원자력 추진'이 '역할'이니까 안전에 대해서는 책임이 없다는 논리입니다. 도쿄대 교수가 학생에게 말하는 "일단 입장을 정한 다음에 논의하라"는 사상을 실천하고 있는 꼴입니다. 또한 도쿄대식 화법의 규칙1, '자신의 신념이 아닌 입장에 맞춘 논리를 채택하기'를 있는 그대로 실천하고 있습니다.

이를 단순히 그 순간을 모면하기 위한 거짓말로 이해해서는 안 됩니다. 실제로 이 원전 마피아 중에 '안전'이 자신의 일이라고 책임감 있게 말할 수 있는 사람은 단 한 명도 없습니다. 입장주의와 도쿄대식 화법이 만연해 있는 사회에서는 이처럼 믿기 어려운 폭주 현상이 실제로 일어납니다.

파견직, 비정규직은 입장 없는 신분

이 '폭주' 이외에도 입장주의 사회가 갖는 커다란 문제가 또하나 있습니다. 이는 '입장이 있는 사람'과 '입장이 없는 사람' 사이에 신분계층이 형성된다는 점입니다.

'입장이 없는 사람'이란 조직 안에서 '입장'을 지키기 위한 '역할'이 주어지지 않은 사람입니다. 예를 들어 파견 사원과 비정규직 사원, 무직인 분들이 이에 해당하지요. 요즘 이런 분들이 정규직이 되지 못하고 있다는 뉴스를 자주 접합니다. 경기 악화에 따른 고용동결이 원인이라고 지적되고 있지만 사실 여기에도 '입장'이란 문제가 얽혀 있습니다.

'입장이 있는 사람'은 자신을 동여매는 끈, 다시 말해 유대를 통해 또 다른 '입장이 있는 사람'과 연결되어 있습니다. 서로 얽혀 있는 거미집을 상상해보세요. 이런 사람들은 이를 '인연'이라고 생각합니다. 이는 본래 의미인 역동적인 '인연'이 아니라 '썩은 인연'에 불과하지만, 이 안에서 살아가고 있으니 다른 '입장 있는 사람'의 권리를 침해해서는 안 되겠지요. 다시 말해 자기 멋대로 '인연'을 끊는 일은 용인되지 않습니다. 어딘가 하나의 '유대'가 툭 하고 끊어지는 것만으로도 거미집처럼 형성된 '인연' 전체에 혼란을 초래하기 때문입니다.

한편, '입장이 없는 사람'은 '입장'에 엮일 끈이 없습니다. 끈이 없으면 '입장이 있는 사람'들과의 '인연'도 생기지 않으니 '연고 없는 상태'가 됩니다. 다시 말해 이력서에 '파견'이나 '아르바이트'라는 표기가 있거나 공백이 있는 것만으로도 입장사회 사람들의 관점에서 보면 '연고 없는 사람'으로 간주되는 것입니다.

개인의 힘으로는 끊을 수 없는 잘못된 인연

한 번 '연고 없는 상태'에 빠져버리면 더 이상 '입장사회'에 복귀할 수 없게 됩니다. '연고 없는 사람'이 되었으니 좀처럼

'입장'을 갖기가 쉽지 않습니다.

파견 사원이나 오래 직업을 갖지 못한 이가 입사 면접에서 탈락하는 건 불경기 탓이 아니라 '연고가 없기' 때문이며 입장 사회에서 신분적으로 배제되고 있기 때문입니다.

입장 따위가 존재하지 않는 사회에서는 이런 일이 일어나지 않습니다. 좋아하는 사람이 있으면 관계를 형성하고 싫어하는 사람과는 관계를 끊습니다. '유대'와는 상관없이 자신의 감정에 충실하게 살아갑니다. 이것이 바로 제가 생각하는 자유이기도 합니다.

하지만 입장사회에서는 이런 일이 용인되지 않습니다. 앞에서도 말했듯이 나이를 먹을수록 여러 '잘못된 인연'들에 둘러싸입니다. 배우자, 상사, 부하, 옆집 사람… 싫어져도 어느 것 하나를 끊어버리면 그와 연결된 모든 '인연'이 휘청거리고 어느새 '연고 없는 상태'가 되어버립니다. 정년퇴직을 하고 황혼 이혼을 한 사람이 결국 고독사 하는 것도 '연고 없는 사람'으로 전락해버렸기 때문입니다.

한편, '연고 없음'을 '연고 있는 사람'이 보면 지옥처럼 느껴질지도 모르지만 사실 꼭 그런 것만도 아니라는 점에 주의해야 합니다. 특히 현대 일본에서는 연고사회가 엄청난 폐색 상태에 빠져 있기 때문에 '연고 있는 사람'들이 언제나 경제적으로 풍요롭다고 말할 수도 없게 되었습니다.

입장주의가 낳은 거대한 병폐들. 이 기만 상태를 덮어 감추기 위해 이곳저곳에서 구사되고 있는 것이 도쿄대식 화법입니다. 다음 장부터는 다시 도쿄대식 화법 이야기로 돌아와 이것이 입장주의 사회에서 어떻게 구사되고 있는지를 살펴보겠습니다.

—

4장

—

희생번트 정신

도쿄대식 화법으로 입장을 주입하기

일본사회는 실제로 '입장'으로 구성되어 있으며, 인간 자체보다 '입장'을 존중하는 입장주의 사회가 되었습니다. 그동안의 이야기를 듣고 여러분은 다음과 같이 생각할지도 모르겠습니다.

당신은 '도쿄대 교수'라는 세간에서 알아주는 높은 자리에서 일하고 있으니 그런 말을 할 수 있는 거라고 생각해요. 학자와 가스미가세키(정부청사가 밀집되어 있는 도쿄의 한 구역)의 고급 관료, 엘리트 직장인들은 입장을 신경 쓰며 살아가겠지만 저는 그렇게까지 신경을 쓰지는….

물론 그런 엘리트들은 일반적으로 '입장'에 심하게 구속되어 있습니다. "내 입장도 생각해줘" 따위의 말을 하는 건 대개 사회적 지위가 높은 사람들이지요.

그러나 한편으로 '입장'은 일과 나이, 수입과 상관없이 모든 사람들에게 적용되는 것입니다. 도쿄대 출신이나 원전 마피아가 아니더라도 현대인들은 '입장'에 끌려 다닙니다. 우리 사회에는 자연스럽게 '입장'이 뿌리 깊이 스며들어 있습니다. 우리는 이 사회에서 태어나 자라면서 알게 모르게 '입장'을 주입받아왔기 때문입니다.

'민폐'를 끼친다는 것

여러분도 어린 시절 부모님에게 다양한 '훈육'을 받았겠지요. 아침에 일어나면 어른에게 "안녕히 주무셨어요?" 하고 인사하기, 손윗사람에게 공손히 말하기, 밥을 먹을 때 쩝쩝대지 않기…. 여러분 중에는 상당히 엄격한 가정환경에서 자란 분도 있을 겁니다.

저는 이러한 훈육도 일종의 '폭력'일 수 있다고 생각합니다. 어떤 것이 철저하게 몸에 배도록 주입시키기 위한 '폭력'. 일본사회에서 아이들에게 주입하는 것 중 하나가 바로 '입장주의' 정신입니다.

예를 들어 지하철 안에서 소란을 피우는 아이를 부모가 야단칩니다. 수차례 반복해서 야단을 맞다 보면 아이는 자신도 모르게 의문을 가질 겁니다. 야단을 맞으면 자신이 뭔가 나쁜 짓을 했기 때문일 거라고 대충은 알지만 어째서 야단을 맞아야 하는지 아이들은 잘 이해하지 못합니다. 부모에게 왜 지하철 안에서 소란을 피우면 안 되냐고 물으면 보통 "다른 사람에게 민폐를 끼치잖니?"라는 대답을 듣습니다.

지하철 안에서 소란을 피우는 것은 다른 승객들의 '입장'을 침해하는 일입니다. 인간의 도리상 해서는 안 되는 행동이라고 지도합니다. 말할 것도 없이 입장 3대 원칙 중 '타인의 입장을 침해해서는 안 된다'를 가르치는 것이지요.

그런데 어째서 다른 사람에게 민폐를 끼쳐서는 안 되는지, 도대체 무엇을 '민폐'라고 하는 건지에 대한 설명은 한마디도 해주지 않는다면, 이는 다시 말해 '자신의 논의를 공평하다며, 근거 없이 단언하기'라는 도쿄대식 화법의 일단을 보여주는 것입니다.

도쿄대 교수가 학생들에게 "자신의 입장을 확고히 할 것"이라고 말하는 것과 마찬가지로 부모는 자녀에게 훈육을 통해 '자신의 입장을 파악할 것'을 가르치고 있는 겁니다.

비언어적 수법으로 살그머니 주입하기

이런 말을 듣고 "아냐, 나는 꽤 엄격한 환경에서 자랐지만 입장 따위는 신경 써본 적도 없고 그런 지적을 들은 적도 없는데"라며 반론하는 사람도 있겠지요. 하지만 언어 이외의 훈육 수단으로 '입장'이 주입되는 경우가 있습니다. 오히려 언어를 통한 훈육보다도 비언어적 메시지를 통한 훈육이 더욱 효과적이기도 하지요.

예를 들어 만약 당신이 회사에서 상사의 부름을 받고 회의실에서 다음과 같은 말을 들으면 어떤 생각이 들까요?

"자네의 개인적 감정 따위는 상관없네. 그런 건 전부 갖다 버리고 회사원이란 입장에 충실히 일하게."

이런 말을 노골적으로 들으면 욱하는 심정에 "저는 기계가 아니라 인간입니다" 하고 반박할지도 모르지요. 아니면 퇴근하고 선술집에서 동료에게 하소연을 할지도 모르고요. 아무튼 도저히 납득할 수 없는 말이라고 생각하여 화가 치밀어 오르면서도 나름의 방법으로 이에 대처합니다.

그러나 이것이 비언어적 메시지라면 효과는 직방입니다. 상사가 "모든 인간에게는 자유가 있으니 앞으로도 계속 자네의 의견을 말해주게" 하고 말해도 주변을 둘러보면 그 누구도 의견을 말하지 않지요. 정말 가끔 의견을 말하는 사람이 있다 해도 책상 밑에서 다리를 걷어차이는 것으로 제지당하기 마련입니다. 그래도 개기겠다면 회사에서 잘릴 각오를 해야 하는 상황은 어떤가요? 이 비언어적 메시지는 앞에서 예로 든 회의실에서 들은 말보다도 몇 배는 더 무겁게 작용합니다. 당한 사람은 아무런 저항도 못하고 회사원이라는 입장을 내면화해버립니다.

언어로 표현된 것만이 '가르침'이 아닙니다. 오히려 비언어적인 수단을 통해 비로소 그 '가르침'은 완성됩니다.

입장이라는 의자에 앉아 마냥 무난한 삶으로

어린아이에 대한 훈육 이야기로 돌아오지요. "시끄러워!"라고 야단치는 것보다도 때리기와 벌주기, 과자나 장난감 사주기, 화난 표정 짓기 같은 비언어적 메시지가 '입장'을 가르치는 데 더 효과적입니다.

소란을 피우면 머리를 맞고 또 소란을 피우면 한 번 더 맞고, 이를 되풀이하는 과정에서 아이는 "나는 왜 맞는 걸까"라며 스스로 이유를 생각하게 됩니다. 머리를 굴려 고민하다 보면 아이는 어느새 '입장'이란 것을 인식하기 시작합니다.

참고로 보통 훈육을 '이 세상을 살아가기 위해 필요한 것을

가르치는 것'이라 생각하는 부모님들이 많습니다. 그러나 이
는 대단히 큰 착각입니다. 훈육이란 이 사회에서 '입장'이란
의자에 앉는 방법, 다시 말해 무난하게 살아가는 방법을 주입
하는 것으로 진정한 '삶의 영위'와는 아무런 관계도 없습니다.

이렇게 훈육하는 부모도 훈육을 당하는 자녀도 의식하지 못
한 채 '입장'이란 것이 주입되고 있습니다. 아이는 자라면서
'유치원생의 입장', '초등학생의 입장', '중학생의 입장' 등 각
각의 성장기에 맞는 '입장'을 인식하고, 어느 날 정신을 차려
보면 입장주의 사회의 일원으로서 기업과 관공서에 몸담고 있
는 존재가 되어 있습니다.

사축은 입장사회의 본질

입장주의가 잘 내재화된 아이가 자라서 조직, 특히 대기업
과 정부 부처에 들어가면 아주 훌륭한 '입장주의자'로 거듭납
니다. 유년 시절부터 도쿄대식 화법으로 훈육받아왔으므로 훌
륭한 도쿄대식 화법 구사자로 성장하는 것이지요.

그렇다 해도 이런 것들은 비언어적 메시지를 통해 이루어지
는 것이므로 자각하지 못하는 경우가 대부분입니다. 자기 자
신이 '입장주의자'이며, 도쿄대식 화법을 구사하고 있다고는

꿈에도 생각하지 못합니다.

언젠가 스스로 이를 눈치채는 순간이 찾아옵니다. 자신은 자유로운 인간이며 인간으로서 존중받아왔다고 믿었지만 사실 그 누구도 자신을 그렇게 봐주지 않았음을 깨닫게 됩니다. 단지 자신은 '입장'의 소재로 간주되어 왔음을 자각하는 순간인 겁니다.

직장인의 경우 이것이 '사축社畜'이란 말로 표현됩니다. 아시다시피 회사에 길들여진 채 들러붙어 살 수밖에 없는 직장인을 비꼬는 말로, 일반적으로 대학을 졸업한 후 사회인이 되고 직장에 다닌 지 2~3년 정도 지나면 자신이 '사축'임을 깨닫게 된다고 하지요. 앞서 '유대'의 의미를 설명하면서 '입장의 가축'이란 표현을 사용했지요. 그런 의미에서 사축이란 표현은 입장주의 사회의 본질을 간파한 표현이란 생각도 듭니다.

자신이 '가축'임을 깨달은 사람은 인간으로 살고 싶다고 생각하게 됩니다. 그러나 그러기 위해서는 용기가 필요합니다. 그런 용기가 있어 언제라도 퇴사할 각오로 업무에 임할 수 있다면 굳이 회사를 그만두지 않고 계속 다녀도 괜찮습니다.

잘 나가던 회사에서 은퇴한 제 지인은 "언제라도 퇴사할 각오로 사직서를 책상 서랍 속에 넣어두고 있지 않으면 일 따위는 도무지 할 수 없지"라고 말했습니다. 이 당시 저는 신입사원이어서 그 의미를 이해하지 못했지만 지금은 잘 이해하고 있습니다.

하지만 대개 "그런 건 너무 지나친 생각이야… 인생이란 원래 그런 거잖아"라며 자신을 설득해 영혼의 뚜껑을 꽉 눌러 닫고 생각해본 적 없는 일로 치부합니다.

오늘날에는 대다수의 사람들이 이런 용기를 갖지 못합니다. 많은 분들의 이야기를 들어보면 대략 3년차 즈음부터 이러한 현실을 그냥 받아들인다고들 하는군요. 독자분들 중에서도 직장인이라면 다들 한 번쯤 느껴본 감정 아닌가요?

회사원은 편하니까

사실 저도 이런 경험이 있습니다. 앞서 말했듯이 저는 스미토모은행을 2년 반 정도 다니고 퇴사했습니다. 회사에 다니는 동안 바쁜 중에도 짬을 내어 동기들과 술을 마시며 삶의 의미와 같은 중요한 이야기를 많이 나눴습니다. 그런데 제가 회사를 그만두고 일 년쯤 뒤에 동기들과 술을 마시러 갔는데, 내가 알던 이들이 맞나 싶을 정도로 그들은 많이 변해 있더군요.

"어디서 들은 얘긴데 A씨가 좌천된대."

"이번 인사 이동에서는 B씨가 과장이 된다는데?"

이런 이야기밖에 하지 않는 인간들이 되어 있었습니다. 마치 인사 이외의 주제는 아무런 의미도 없다는 태도였습니다. 제게 "대학원에서 무슨 주제로 연구하냐?" 같은 질문은 하지도 않고 한결같이 은행 내에서 펼쳐지는 '파워 게임'에 대해 각자가 주워들은 이야기를 공유하더군요. 회사를 그만둔 적이 있는 분이라면 저와 비슷한 경험이 있을 거라고 봅니다.

불과 일 년 사이에 완전히 딴 사람이 된 동기들을 보고 저는 충격을 받았지만, 동기 중 한 명이 자조적인 말투로 이렇게 말해서 더욱 놀랐습니다.

"이러쿵저러쿵 해도 회사원은 편하잖아."

매일같이 정체를 알 수 없는 업무를 처리하고, 처음 보는 사람들에게 머리를 숙이고, 잠을 아끼면서 일하는 것이 정말 편한 거냐고, 저도 모르게 끼어들려다 참았던 기억이 납니다.

지금 돌이켜 보면 이것도 응용된 형태의 도쿄대식 화법입니다. 규칙8, '발언자의 속성을 멋대로 설정하여 낙인 찍고 자신은 방관자로 남기'라는 수법입니다. 이 수법으로 자신이 당사자인데도 마치 방관자가 된 양 회사원이라는 신분을 해설하고 있습니다. 이 수법으로 그는 '편한 신분이니까 우리들은 그럭저럭 만족하며 지내고 있다'며, 거기에 있던 모든 사람은 물론 자기 자신도 설득하고 있던 거지요.

입사 2년 반까지는 모두 비슷한 감정을 가지고 있었지만 더이상 버틸 수 없던 저와 그것을 참아낸 그들 사이에는 불과 일

년 만에 깊은 간극이 생겨버린 듯했습니다.

이는 살아가는 환경이 달랐기 때문이 아닙니다. 그들은 저와 만나지 않은 사이에 자신의 '입장'을 확고하게 받아들였던 것이지요. '세관'의 보수점검 담당자 시각에서 '세관'과 상관없는 일은 아무런 의미도 갖지 못합니다. 대학원을 다니던 제 근황에 흥미를 갖지 못한 것도 당연한 일입니다.

혹시나 해서 말씀드리건대, 그렇다면 대학원생과 대학 교수는 인사에 관한 이야기를 안 하느냐고 생각하실 수 있습니다. 현실은 전혀 그렇지 않습니다. 무미건조한 연구 자체에 무상함을 느끼면서도 그것에 들러붙어 있는 자신의 모습을 발견했을 때, 그들도 술을 마시면서 연구 이야기는 전혀 하지 않고 인사 이야기만으로 시간을 보냅니다.

죽일 수밖에 없는 감수성

그렇다면 입사한 지 3년쯤 지난 직장인들이 마치 깨달음이라도 얻은 양 줄줄이 '사축'이 되는, 다시 말해 회사의 '입장'을 받아들이게 되는 배경에는 무엇이 있을까요?

저는 '감각의 상실'이라고 생각합니다. 3장에서도 말했듯이 '거대한 세관'이 사회 곳곳에 퍼져 있습니다. 거대한 기계처럼 최첨단 기술을 구사하는 세관, 여기에는 금융기관이라는 순수한 세관도 포함되지요.

보수점검을 하는 사람까지도 모두 포함한 거대한 기계이므로 감정을 죽이고 철저하게 기계적으로 행동할 때, 기계는 보다 부드럽게 작동합니다. 저처럼 '어째서 이런 일로 월급을 받는 걸까?' 하는 의문을 갖거나 자신에게 맡겨달라며 나서는 인간은 부적절합니다. 다시 말해 감각은 뭉툭한 편이 좋다는 것이지요.

회사에서는 감정을 없애야 일이 훨씬 더 매끄럽게 돌아갑니다. '입장'을 갖는다는 것은 그런 겁니다.

물론 초기에는 저항감을 느낍니다. 유년 시절부터 '입장주의'를 훈육받아왔다고는 해도 학창 시절 나름의 자유를 만끽했기 때문에 '감각'이 남아 있는 것이지요. 그러나 상사와 선배의 행동, 직장 분위기 같은 비언어적 메시지로 인해 서서히 그 감각은 소멸합니다. 대략 3년쯤 매일 이런 일이 되풀이되면 결국 아무것도 느끼지 못하게 됩니다.

사축을 권하는 도쿄대식 화법

물론 이 중에는 도쿄대식 화법을 구사해 '사축'의 정당성을 호소하고 감수성을 지워버리려는 사람들도 존재하지요. 지금까지 살펴본 바와 같이 도쿄대식 화법이란 입장주의 사회를 지키기 위해 연마된 기술이니 당연하다면 당연한 것입니다.

이런 도쿄대식 화법을 잘 구사하는 대표적인 인물이 신쵸샤 출판사에서 나온 《사축의 권장》을 쓴 경영 컨설턴트 후지모토 아츠시藤本篤志 씨입니다.

"직장인의 바람직한 모습이란 개성을 버리고 자기다움에 집착하지 않고 자신의 뇌를 과신하지 않으며, 톱니바퀴가 되는 것을 꺼리지 않는 것이다."

후지모토 씨는 이렇게 단언하고 있습니다. 이는 바로 지금까지 살펴본 '입장' 그 자체의 모습입니다. 후지모토 씨는 청년들이 이러한 '직장인'을 지향해야 한다며 미숙한 청년이 이에 의문을 던지거나 '자기다움'을 추구하게 되면 조직 안에서 제대로 기능하지 못한다고 하지요. 또한 개성이 아닌 '고립성'만을 체득해 '이직 난민'으로 전락하기 십상이라고 분석하고 있습니다.

이것도 3장에서 말했듯이 '입장'을 방기하면 '연고 없는 사람'이 된다는 구도와 동일합니다. 후지모토 씨와 제 생각은 사실상 동일하며, 단지 후지모토 씨는 철저하게 '입장'을 차지하고 살아야 한다고 주장하고 있을 뿐이지요. 입장주의 사회를 지키는 '입장'에 몸담고 계신 후지모토 씨의 말씀에는 곳곳에

도쿄대식 화법이 등장합니다. 예를 들어 2012년 6월 12일 〈아사히신문〉 조간에 게재된 인터뷰 기사도 그렇습니다.

청년 회사원은 회사의 톱니바퀴입니다. 상사의 지시에 따라 묵묵히 일해야만 합니다. (중략) 사람은 누구나 '자기다움'을 소중하게 여기려고 합니다. 그러나 오해를 무릅쓰고 소신껏 말하자면 젊은 시절엔 자기다움을 버려야 합니다.

우선 '회사원은 회사의 톱니바퀴'라는 입장을 밝힙니다. 거기서부터 그 입장에 유리한 이야기를 펼치다가 '자기다움'은 필요 없다는 식으로 말합니다. 규칙9, '"오해를 무릅쓰고 소신껏 말하자면…"이라며 거짓말하기' 수법으로 '자기다움'은 마치 나쁜 것인 양 말합니다.

회사를 그만두고 싶다는 젊은 직원은 우선 자기 자신에게 묻길 바란다. 그대는 상사가 지시한 업무에서 성과를 내고 있는가? 그렇지 않다면 그대의 불평불만은 단순한 투정에 불과하다.
다음으로 자신이 '벤치 멤버'라고 생각하면서도 '선발 멤버'에 들어가기 위한 노력을 했는가? 벤치 멤버가 시합에 나가지 못한다고 불만을 품는 건 잘못된 생각이다. 벤치 멤버가 선발 멤버가 되기 위해서는 선발 멤버 이상의 노력을 해야만 한다.

젊은 직원더러 '사축'을 지향하라고 말하고 있군요. '사축'이 되기 싫어 회사를 그만두고 싶은 사람은 '사축'으로서 평가받길 원하지 않는데도 이를 '투정'이라며 핀잔을 주고 있습니다. 게다가 갑자기 자신을 '벤치 멤버라고 생각하라'는 것도 지리멸렬한 말입니다. 이렇게 유쾌하고 상쾌할 정도로 자신만만한 어조에 설득당하는 청년들도 있다고 봅니다. 이는 규칙5, '아무리 엉터리여도 자신 있고 당당하게 말하기'라는 아주 훌륭한 도쿄대식 화법입니다.

야구는 입장의 스포츠

후지모토 씨뿐만 아니라 직장인을 감정 없는 '톱니바퀴'라고 간주하는 분들은 많습니다. 일본사회에서는 이 '사라진 감수성'을 대부분 부정적으로 보지 않습니다.

대표적인 상징이 바로 '야구'이지요. 아시다시피 일본인은 야구를 사랑합니다. 축구에 인기를 많이 빼앗겼다고는 해도 야구는 여전히 '국민 스포츠'라고 해도 손색이 없습니다.

일본인이 이처럼 야구를 좋아하는 것도 '입장'으로 설명할 수 있습니다. 야구는 투수와 포수는 물론, 1루수, 2루수, 외야수 등 각각이 수행해야만 하는 역할이 매우 뚜렷하게 정해진

스포츠입니다. 개인의 감정 따위는 상관없고 특정 역할을 맡은 선수라는 '입장'의 사람들이 주어진 '역할'(포지션)을 확실히 지키는 스포츠지요. 바로 '입장의 스포츠'라고 할 수 있습니다. '입장'을 사랑하는 일본인에게 안성맞춤이지요.

앞서 보여드린 후지모토 씨의 말에도 '벤치 멤버'와 '선발 멤버'라는 말이 나왔는데 일본인은 이런 개념도 좋아합니다. 시합에 나가지 않는 '벤치 멤버'의 역할은 '선발 멤버'를 뒤에서 지지하는 것입니다. 이처럼 자신의 존재감을 죽이고 '역할'을 수행하는 모습은 일본인에게 감동을 줍니다.

'출루'나 '희생번트'도 전형적인 경우이지요. 타석에 서는 타자가 개인적인 기록을 위해 승부수를 던지려 해도 입장의 문제를 고려하면 그런 '투정'은 용납되지 않지요. 여기서 방망이를 쥐고 서 있는 것은 그 사람 개인이 아니라 팀의 일원이라는 '입장'이니까요.

자신의 감정을 억누르고 코치의 지시에 따라 그대로 성공하는 것. 이런 모습을 아나운서가 다음과 같이 중계하는 것을 들은 적이 있으실 겁니다.

"희생번트 성공, 자기 임무를 확실히 완수했습니다!"

후지모토 씨가 '사축'을 긍정하는 과정에서 "상사가 지시한 일에서 성과를 내고 있는가" 하고 자문자답 하라고 말했듯이 조직 안에서 주어진 임무를 수행하는(성과를 내는) 것이 일본에서는 가장 칭송받는 일이며, 안락함을 느낄 수 있는 미덕이지요. 직장인도 감수성을 상실하는 과정에서 이러한 일종의 안락함을 느끼는 존재라는 점에서 예외가 아닙니다.

사축이라도 보람이 있다

하지만 모든 직장인이 감수성을 죽일 수 있는 건 아니지요.

저도 그중 한 명이었는데, 제 자신을 속여가며 일을 해도 '입장'이란 것이 영 제 체질에 맞지 않았습니다. 감정을 죽이면서까지 '입장'이란 의자에 앉아 있을 수는 없다는 이가 반드시 있기 마련입니다. 이른바 '중도탈락' 하는 사람이나 우울증에 걸려 장기휴직 하는 사람들이 대체로 여기에 해당됩니다.

이는 신입사원이 회사를 금방 그만두는 현상과 뿌리가 같습니다. 일본의 '세관자본주의'가 붕괴하고 있기 때문입니다.

3장에서도 말했지만 경제가 고도로 성장할 때는 어찌됐든 '세관' 장사가 잘 되었지요. 모두 톱니바퀴가 되어 기계의 일부로서 열심히 일하면 방대한 양의 상품이 멋지게 생산되던 시대였으니까요. 그러니 세관의 보수점검도 꽤나 바빴습니다.

일단은 감정을 죽이고 톱니바퀴가 되어도 회사가 커다란 실적을 내면 나름의 보람이 있던 시절입니다.

하지만 오늘날에 '세관'은 더 이상 기능하지 않습니다. 그런데 아직도 경제성장의 환상에 빠져 종신고용 제도를 유지하기 위해 '입장'만을 늘리고 있습니다. 하루에 몇 명밖에 통과하지 않는 적막한 세관인데도 묘하게 멋지게 지어져 보수점검 담당자만 수백 명이나 있는 모습을 상상해보세요. 그것이 바로 오늘날 일본 기업의 모습입니다.

그렇지만 일본은 입장주의 사회이므로 어떻게든 보수점검 담당자의 '입장'을 지키기 위해서는 청년층도 이에 동참해주어야만 합니다.

여기서 도쿄대식 화법을 구사하는 여러 권위 있는 사람들이 "사축이 되는 것은 당연하다" "자기다움 따위는 십 년은 이른 이야기다" 같은 말로 필사적으로 호소하고 있습니다. 이런 이야기를 들은 청년들도 어린 시절부터 무의식적으로 '입장'을 훈육당해왔기 때문에 '세상이 원래 다 이런 건가 보다' 하고 보수점검 담당자가 되기 위한 문을 두드리는 것이지요.

아무도 통행하지 않는 한산한 세관 앞에서 여기를 보수점검을 하라는 말을 들으면 보람을 느끼기는커녕 마음이 병드는 것이 보통입니다. 우울증에 걸리는 것이 자연스러운 현상이며, 아무 생각 없이 '입장'에 안주하고 있는 쪽이 훨씬 더 이상

합니다.

'세관'이 붕괴 직전이라고 말하는 데는 이유가 하나 더 있습니다. 그 '입장' 중에 사장과 경영진이라는 '역할'을 부여받은 사람들이 역시 아무런 기능도 못하고 헛돌기만 하는데도 누구하나 문제의식을 느끼지 못합니다. 더 정확히 말하면 문제의식은 느끼지만 '어쩔 수 없는 일'이라며 해결하기를 포기해버립니다.

고도성장기 때처럼 '세관'이 제 기능을 하여 돈을 펑펑 쏟아내던 시절이었다면 그런 경영진은 금방 쓸모없다는 소리를 들으며 끌려 내려왔을 테지만 오늘날은 '세관' 자체가 붕괴하고 있지요. 과연 그 누가 '세관'의 보수점검이란 '입장'에 정년까지 매달려 있을 수 있을까요? 그 '입장'에 정년까지 매달릴 수 없는 상황인데도 매달리는 것을 전제로 하는 이상, 경영자의 능력 유무는 아무 의미도 갖지 못합니다. 다시 말해 '쓸모없는' 경영자에 대해서도 '뭐 결국 별 수 없는 거야'라고 생각하고 마는 것이지요.

직장인에게 체면은 없다

이러한 입장주의 사회를 상징하는 도쿄대식 화법이 있습니다. 예를 들어 당신이 대기업의 직원이라 치지요. 거기서 도저히 그냥 넘어갈 수 없는 기업의 구습에 직면해 그것을 개선하려 합니다. 그럴 때면 상사나 책임자에게 반드시 다음과 같은 충고를 듣습니다.

"그런 짓을 했다가는 자네의 입장이 위태로워질 거야."

직장인이라면 이런 말 한 번쯤 들어본 적이 있으시지요?

이 도쿄대식 화법의 기만성을 해부해 보면 상사들이 신경 쓰는 것은 '자네'가 아닌 '자네의 입장'입니다.

그들이 '자네의 입장'을 걱정하는 이유는 입장사회에서는 서로의 '입장'이 전부 이어져 있으므로 하나의 '입장'에 이상이 생기면 다른 '입장'에도 영향을 주기 때문이지요. 다시 말해 '자네의 입장'을 걱정하는 척하지만 결국엔 '타인의 입장'에 연결되어 있는 '자신의 입장'을 걱정하는 것입니다.

그 증거로 당신이 생각을 실천에 옮기려 한다면 상사는 틀림없이 다음과 같은 말을 할 겁니다.

"그런 터무니없는 짓은 그만 둬! 부탁하네, 내 입장도 생각해주게."

드디어 본심이 드러나는군요. 여기서도 '자신'보다 '입장'을 우선시하고 있음을 알 수 있지요. 만약 자신의 감정을 토대로 행동을 멈추게 하고 싶었다면 "내 얼굴에 먹칠할 셈인가?" "내 체면을 구길 작정인가?" 같은 말을 했을 겁니다.

직장인이라면 잘 아시겠지만 직장에서 '체면'이란 말을 듣는 일은 일단 없습니다. 체면은 대단히 개인적인 문제입니다. '나'라는 의식이 남아 있는 사람은 '입장이 없는 사람'입니다. 야쿠자가 대표적 사례이지요. 야쿠자는 야쿠자 세계 바깥의 사회와는 아무런 인연이 없는 '연고 없는 사람'이므로 '나'의 체면을 중요하게 여깁니다. 그러므로 자신의 체면에 먹칠한 자를 죽이려 들고 체면을 지키기 위해 자신의 손가락을 자르기도 합니다.

　입장주의 사회에서는 '체면' 따위가 필요하지 않습니다. 후지모토 씨도 말했듯이 '톱니바퀴'가 매사에 화를 내거나 시끄럽게 떠들어서는 기계가 제대로 작동하지 않습니다. 그럼에도 당신이 상사의 말을 무릅쓰고 뜻을 굽히지 않는다면 상사는 다음과 같이 말합니다.

　"무슨 말인지 다 이해했네. 사실 나도 그렇게 생각하네. 하지만 여러 가지 사정이 있어서 말리는 것이네. 부디 어른이 되길 바라네."

　"당신이 그렇게 생각한다면 행동으로 옮겨야 하는 것이 아닙니까?" "'여러 가지 사정'이란 게 무엇인지 가르쳐주시지요" "저는 이미 충분히 어른입니다" 같은 말로 버텨봐도 소용없습니다. 그런 말을 했다간 참다못한 상사의 호통을 들을 뿐입니다.

진퇴를 스스로 결정하지 못하는 사장

조직 내 가장 우위에 있는 것은 '입장'이므로 조직의 우두머리조차도 '입장'에 의해 주어진 '역할'을 수행하고 있는 것에 불과합니다.

기업의 사장, 특히 대기업의 최고경영자란 것도 우선 '입장 지상주의'입니다. 세관의 보수점검을 수십 년간 해온 '입장'이 존중되어 사장이라는 '역할'에 뽑힌 것이지요. 이들은 사장의 일을 확실히 수행함으로써 비로소 사장으로서의 '입장'도 지킬 수 있습니다.

그러므로 경영자들도 당연히 도쿄대식 화법을 구사합니다. 예를 들어 무언가 사고를 일으킨 기업의 사장이 사죄 회견에 등장해 진퇴에 대한 질문을 받으면 이렇게 대답하곤 하지요.

"지금은 사고를 수습하는 일이 우선이지 진퇴에 대해 답할 때가 아닙니다."

"지금은 사고 수습에 전념할 것이며, 나중에는 물론 책임을 지고 사임하겠습니다"라고 확실히 말하는 사장은 거의 없습니다. '역할'에 불과한 것이므로 자신의 진퇴조차도 자신이 결정할 권한이 없습니다. 사고 뒤처리를 포함해 업무의 성과에 따라 '입장'이 결정되는 것이지요.

이런 권한 없는 사장으로는 애초에 사고 수습이 가능할 리 없습니다. 그런 기만을 치장하는 것이 도쿄대식 화법입니다.

총리도 역할일 뿐

꼴이 이렇다 보니 일본의 우두머리에게도 '리더십'이 없습
니다. 우두머리의 주변 사람들도 그것이 '역할'에 불과하다는
것을 잘 알고 있지요. 이를테면 새롭게 취임한 사장이 개혁을
단행하려다 이사회와 부하직원의 훼방으로 실패하는 사례가
일본기업에는 자주 있습니다.

이는 당연하게도 조직을 개혁하면 여러 사람들의 '입장'에
균열이 생기기 때문입니다. '입장의 3대 원칙'에서도 소개했듯
이 타인의 입장을 침해하는 일은 상상조차 해선 안 되는 일이
지요. 이에 더해 '입장을 지키기 위해서는 무엇을 하든 상관없
다'는 점에서 사장에 대해 반란을 꾀하는 것도 대수롭지 않은
일입니다.

한 나라의 우두머리인 총리조차 일본에서는 '역할'에 불과
하므로 '총리 마음대로 결정하는 것'을 주변에서 용납하지 않
습니다. 그러나 '역할'을 수행하면 그에 상응하는 평가를 받
습니다. 열렬한 입장주의자인 노다 요시히코野田佳彦 전 총리는
이런 점을 분별력 있게 이해하여 '매니페스토'(개인이나 단체

가 연설이나 문서의 형태로 대중에게 확고한 정치적 의도와 견해를 밝히는 것_옮긴이 주)를 작성한 바 있지요. 당시에는 아무도 이 '매니페스토'에 관심이 없었는데, 노다 전 총리는 이런 일만 을 잘 골라다가 '총리의 역할'을 묵묵히 수행했기 때문에 의외 로 지지율이 높았던 것입니다. 말할 필요도 없지만 관료들은 대환영입니다. 거꾸로 자기 멋대로 무언가 움직여보고자 했던 하토야마 유키오鳩山由紀夫 전 총리와 간 나오토菅直人 전 총리는 이른 시기에 자리에서 내려와야 했습니다.

일본식 조직에서 무언가를 결정하는 것은 '개인'이 아닌 '입장'입니다. 조직이 커지면 커질수록 '입장'은 무수히 많아집니다. 그 '입장'들이 모두 불만스럽지 않도록 조율해야만 하므로 좀처럼 결정을 내리지 못하고 시간을 끄는 경우가 많은 것이지요.

무의미한 회의를 오래 끄는 이유

이런 '결정하지 못하는 조직'을 상징하는 것이 다름 아닌 '회의'입니다. 회사원이라면 '어째서 우리 회사는 이렇게 의미 없는 회의가 많은 걸까' 하고 불만을 가진 적이 있을 거라 봅니다.

입장주의 사회에서 회의란, 애초에 불가능한 일을 진지하게 검토하는 시늉을 하는 것과 별반 다를 게 없습니다. 정말로 문제를 해결하고자 결단을 하면 앞에서 말씀드렸듯 각자의 입장에 균열이 생깁니다. 타인의 '입장'을 침해해서는 안 된다는 절대적 규칙이 있으므로 결단이 가능할 리 없습니다.

그렇다고 이런 현실을 말로 뱉는 순간 모든 것이 끝장나버리니, 머리를 맞대고 이도저도 아닌 이야기로 서로 앓는 소리를 하는 것이 '회의'인 겁니다. 참석자 중 한 명이 "이런 한심하기 짝이 없는 회의는 이제 그만둡시다"라고 말하면 누군가 반드시 기만을 감추기 위해 다음과 같은 도쿄대식 화법을 구사합니다.

"그런 의견도 충분히 있을 수 있지만 저는 아직 논의가 부족하다고 생각합니다."

이 '논의가 부족하다'는 말은 정치인들도 애용하는 말로, 무언가 결정하고 싶지 않은 일에 대해 '논의가 부족하다' '논의가 무르익지 않았다' 같은 변명을 합니다. 그렇게 논의를 오랫동안 질질 끌면서 논점을 흐려버리는 것이지요.

회의란 애당초 무언가 결론을 내기 위한 목적으로 논의를 하는 것인데, 어느샌가 논의 그 자체가 목적이 되어 있는 것입니다.

입장의 조율을 위한 회의

이러한 '회의'는 시작하기 전부터 이미 결론이 정해져 있는 경우가 있습니다.

꽤 오래전 일이긴 하지만 제 경험을 하나 소개하자면, 도쿄 대의 모 사무국 회의에서 어떤 조직의 개혁이 제안되었습니다. 이는 실제로 아무런 의미도 없는 개혁이었습니다. 그러나 문부과학성(교육부)에서 연구비를 받는 대신 문부과학성이 원하는 방향으로 조직개혁을 실시해달라는 구두 요청이 있었다고 하여 어쩔 수 없이 추진해야만 했습니다.

이를 들은 조교수(준교수)들은 그런 말도 안 되는 조직개혁을 추진하면 기존의 질서가 망가질 뿐만 아니라 논리 자체도 이상하다고 반발했지요. 게다가 구두로 지시하다니 대단히 비겁하다고도 주장했습니다. 회의가 파행으로 치달아, 다음 주에 있을 임시 교수회의에서 다시 논의하기로 잠정 결론이 났습니다.

저는 일주일 사이에 여러 가지 요소를 조사하여 조직개혁이 어떻게 생각해도 이치에 맞지 않는다는 결론을 내렸습니다. 그렇다고는 해도 연구비를 받았으니 무언가 의미 있는 방향을 제시해야만 했지요. 만약 제시할 수 없다면 받은 돈을 다시 돌려줘야만 했습니다. 돌려주지 않더라도 최소한 문부과학성에

문의와 보고를 해야만 했지요. 저는 무척 중요한 회의라고 생각해 상당한 각오로 임해야겠다고 결심했습니다.

그리고 회의가 시작되었습니다. 아무도 손을 들지 않더군요. 여기서 제가 손을 들고 반대 의견을 내면서 일주일 동안 조사하여 얻은 정보를 근거로 주장을 펼쳤습니다. 제가 먼저 물꼬를 트면 누군가 엄호 사격을 해줄 거라는 기대도 있었지요. 그런데 놀랍게도 여전히 아무도 발언을 하지 않더군요. 침묵으로 일관된 어색한 시간이 흐르더니 지난번 회의에서 열변을 토하던 조교수가 머뭇거리며 손을 들더군요.

"저도 그렇게 생각하긴 하지만 개혁추진 측의 설명을 듣고 여러 가지 사정이 있으니 어쩔 수 없는 일이라고 생각하게 되었습니다."

저는 기가 막혔습니다. 이 발언이 끝나자 조교수들이 앞을 다투며 "그래 어쩔 수 없는 일이야"라며 입을 모았습니다.

지난 일주일 동안 조교수진 모두가 개혁추진 측으로부터 '사전 교섭'을 당했던 것입니다. 제게는 어차피 소용없을 거라 생각했는지 아무도 교섭하러 오지 않았습니다. 생각이 바뀌었다면 사전에 말해주면 될 것을 제게는 그 누구도 말해주지 않았던 것이지요. 저는 분한 마음을 끌어안고 세 시간에 걸쳐 개혁을 긍정하는 모든 발언에 대해 반론을 전개했습니다. 그러나 생각을 바꾸는 사람은 아무도 없었습니다. 결국 조직개혁이 압도적 다수로 가결되었습니다.

여하튼 이런 의미 없는 구조개혁이 결정되었습니다. 이는 정말로 의미가 없었기 때문에 조직 운영에 큰 화근이 되었지요. 그로부터 2~3년 뒤, 조교수들의 술자리에서 당시의 구조개혁에 대한 이야기가 화제에 올랐습니다. 모두들 "그때 그건 정말 부당했어. 그후 많은 폐해가 있었잖아"라고 말하는 겁니다. 그리고는 구조개혁에 반대하던 제게 그 누구도 사과하는 이가 없었습니다. 어떻게 저를 앞에 두고 그런 말을 아무렇지도 않게 할 수 있는지, 정말 기가 막히더군요.

그들은 반성할 기미가 눈곱만큼도 없다는 것을 깨닫고 제가 가진 윤리관이 이곳을 지배하는 윤리관과 완전히 다르다는 결론을 내렸습니다. 당시엔 도대체 무슨 일이 벌어지고 있는지 알 수 없었지만, '입장의 3대 원칙'을 두고 생각해보면 이제는 알 수 있습니다. 일본의 회의는 문제를 해결하기 위한 것이 아니라 입장을 조율하기 위한 것임을요.

이런 회의에서 나오는 결론은 사람들이 논의를 통해 결정하는 것이 아니라 '입장'이 결정하는 것이라고 봐도 무방합니다. 회의 참석자 따위에게 결정권은 없습니다. 연구비를 받은 사람의 입장, 구두로 지시한 공직자의 입장, 도쿄대의 입장, 사무국의 입장 등을 잘 조율하여 이런 결정이 필연적으로 도출되는 것이므로 '어쩔 수 없는 일'인 것입니다.

물론 이 결정에 이르기까지 각자가 다양한 도쿄대식 화법을 구사한 것은 말할 필요도 없습니다. 이처럼 도쿄대식 화법이 쓰이는 장면은 뭔가 기만을 숨기는 것이므로 반드시 엉터리 논리가 섞여 있습니다. 여기서 한층 더 도쿄대식 화법을 구사해 빠져나오는 사람도 있는가 하면, 그 도쿄대식 화법에 휩쓸려 자신의 기만성에 인생을 망치는 사람도 있습니다.

다음 장에서는 도쿄대식 화법으로 인생을 망친 사람들이 어떤 말로를 겪는지 살펴보고자 합니다.

—
5장
—

입장주의자의 행복 위장술

입장에 구속된 남자의 입버릇

도쿄대식 화법을 구사해 자신의 '입장'을 지키려다 그 기만성이 되려 목을 조르거나 어느새 빠져나올 수 없는 늪에 가라앉는 경우도 있습니다. 가벼운 감기가 폐렴이 되는 것처럼 이들의 삶은 도쿄대식 화법에 의해 심하게 꼬여버리는 겁니다.

이들에게는 어떤 공통점이 있을까요? 저는 이런 물음을 주제로 연구하고 있습니다. 한 가지 말씀드리고 싶은 점은 지금부터 할 이야기들은 어디까지나 '도쿄대식 화법을 구사하는 사람들의 공통적인 특징'일 뿐이라는 겁니다. 제시하는 조건을 충족한다고 해서 그것이 곧 도쿄대식 화법으로 삶이 꼬였음을 의미하는 것은 아닙니다.

지금까지 도쿄대식 화법을 구사하는 사람이 입장주의자라는 점은 이해하셨을 거라 봅니다. 제가 이런 사람들의 말과 행동을 자세히 관찰하면서 발견한 점은 기혼 남성의 경우 이런 말을 입버릇처럼 하는 경향이 강하다는 것입니다.

"그건 아내에게 물어보지 않으면 모르겠는데."

"저는 아내에게 감사하고 있지요."

여러분 주위에도 이처럼 가정에 대해 이야기할 때마다 '아내'을 언급하는 사람이 있지요? 특별히 자랑을 하는 것도, 바가지를 긁힌다는 것도 아닙니다. 그저 아내의 존재를 '과시'합니다. '나는 결혼한 사람이며 제한된 자유만 허락되어 있다'라고 불만을 토로하는 건지 잘 알 수는 없지만 어쨌든 항상 아내의 존재를 어필하고 있지요.

이러한 입버릇이 있는 사람은 주변 사람들에게 도대체 무엇을 전하려는 걸까요?

'아내가…'에서 '우리나라가…'로

뚜렷한 이미지가 떠오르지 않을 수도 있지만 이것도 사실은 도쿄대식 화법 중 하나입니다.

1장에서 도쿄대식 화법을 구사하는 어용학자들이 '우리나라는…' '우리나라의 전력수급 상황을 보면…' 같은 말로 논문을 시작하는 것을 일종의 약속으로 삼고 있음을 보여드렸습니다. 이는 '우리나라'를 되풀이함으로써 '나'는 이렇게 생각한다거나 '나'는 이런 일을 한다는 주체성을 애매하게 얼버무려 책임을 회피하고 있는 것이라고도 말했습니다.

이 '우리나라'와 '아내'란 말이 닮았다는 점을 눈치채셨나요? 우리나라에서는 원자력 발전을 추진하는 입장이므로 그 결정에 따르고 있다는 것. 우리 집에서는 아내가 결정하는 일이므로 그 결정에 따른다는 것. 여기에는 난 이렇게 생각하며 이렇게 하고 싶다는 주체성, 다시 말해 '나'는 전혀 존재하지 않습니다.

물론 단순한 공처가도 있겠지만 아내가 무섭다거나 좋아 죽겠다는 것도 아니면서 '아내가…'를 되풀이하는 남자는 '입장'에 구속되어 있는 경우가 많습니다.

앞서 '입장의 3대 원칙'에서도 언급했지만 자신의 '입장'을 지키기 위해서는 타인의 '입장'도 침해해서는 안 됩니다. 그러므로 여기서 배려하고 있는 것은 아내가 아니라 어디까지나 아내라는 '입장'입니다. 공처가인 척하고 있지만 아내라는 한 인간에 대해서는 전혀 존중하는 마음이 없는 겁니다.

이런 남성은 사회생활에서도 '입장'을 지키기 위해 '유부남'

이라는 역할을 수행하고 있는 것에 불과합니다. 다시 말해 '입장상' 남편을 연기하고 있는 것이지요.

입장부부와 황혼이혼

본인의 가정과는 상관없는 이야기라고 생각하실 독자도 있겠지만 사실 이런 '입장상 부부'를 연기하는 사람들은 여러분의 상상 그 이상으로 많습니다.

물론 '입장결혼'을 한 당사자들에게는 그런 의식이 없습니다. 오히려 본인들은 서로 사랑해서 결혼했다고 생각하는 경우가 많습니다만 현실적으로는 서로의 '입장'에 끌려 결혼한 것이지요. 결국 시간이 지나면서 인식의 간극이 점차 드러나, 돌이킬 수 없는 파국을 초래하게 됩니다. 이를 잘 드러내는 것이 바로 '황혼이혼'입니다.

최근 증가하고 있는 '황혼이혼'이란 오랜 세월을 함께 지낸 60대 이상의 부부가 이혼하는 것으로, 많은 경우 남편의 정년 퇴직과 자녀들의 자립을 계기로 각자의 길을 걷기로 하는 것이지요.

이미 1970년대부터 경제적인 이유로 이혼을 결단하지 못하던 전업주부들이 남편이 퇴직금을 받는 것을 계기로 '받을 건 받고 혼자서 지내는 것이 속 편하다'며 이혼을 신청하는 사례가 계속 보도되고 있습니다. 이쯤 되면 일시적인 붐이라기보다는 일본사회의 보편적이고 구조적인 현상이라고 보아야 합니다.

이 '황혼이혼'의 이유로 가사와 육아를 남편으로부터 강요받아온 전업주부의 울분이 남편의 정년퇴직을 계기로 폭발했다는 점이 자주 지적됩니다. 물론 이런 지적도 맞는 말이지만, 저는 이 '황혼이혼'이 입장주의 사회를 살아가는 부부 사이에서 필연적으로 일어나는 일이라고 보고 있습니다.

'입장'이 개인의 감정보다 우선되는 사회에서는 남자도 여자도 각각 자신의 '입장'을 지키기 위해 이에 어울리는 '입장'을 가진 상대와 결혼합니다. 구체적으로 남자의 경우, 사회에서 성실하게 '회사원'과 '남편'이라는 역할을 수행하며 자신의 '입장'을 지키고자 하지요. 여성의 경우는 이러한 '입장'을 가진 남성을 붙잡아 '아내' 혹은 '엄마'라는 역할을 수행하여 역시 자신의 '입장'을 지키고자 합니다.

이런 목적을 가지고 부부가 된 두 사람에게 남편의 정년퇴직이란 무엇을 의미할까요? 당연하게도 회사를 그만둔 시점부터 '입장'은 더 이상 존재하지 않습니다. 남는 것은 '입장이 벗어버린 허물'에 불과한 중년의 아저씨뿐입니다.

좋은 아내를 연기하기

입장주의자인 아내 입장에선 처음부터 '입장'에 끌려 결혼한 것이므로 '입장이라는 알맹이가 사라진 허물'에는 관심이 없습니다. 애정은커녕 오히려 혐오감이나 지금까지 참아왔던 불평불만이 단번에 폭발해 서로를 증오하거나 폭력이 오가는 상황까지 가기도 합니다. 그렇게 되지 않도록 어느 한쪽에서 재빨리 이별을 고하는 것, 이게 바로 '황혼이혼'의 민낯이 아닐까요?

애당초 '입장'에서 출발해 한집에서 생활한 것이니 그 '입장'이 사라지면 이 생활을 지속할 이유도 없습니다. 얼른 퇴직금을 나눠 갖고 서로가 다른 인생을 살아가는 것이 좋다는 결론에 이르는 것입니다. 이를 잘 나타내는 것이 '황혼이혼'을 결심한 아내가 자주 하는, 바로 이런 말입니다.

"좋은 아내를 연기하는 데 지쳤습니다."

이 말은 바로 '입장상 부부'의 본질을 찌르고 있습니다.

남편에게 '입장'이 있었기 때문에 자신도 아내라는 '역할'을 수행해왔다는 것, 이제 정년퇴직으로 '입장'이 사라졌으니 그동안 쌓인 피로가 몰려온다는 것, 그보다도 지금까지 연기해온 자신이 한심했다고 생각한다는 의미겠지요.

다시 말해 황혼이혼은 참고 있던 전업주부들의 반란이 아니라 입장주의 사회의 부부에게 필연적으로 일어나는 결말입니다. '입장부부'가 황혼이혼을 하지 않는다면 그 이유에 대해 별도로 고찰해야 한다고 봅니다.

도쿄대식 화법이 왜곡하는 입장 결혼

꿈도 희망도 없는 이야기 같아 책을 덮어버리고 싶으시겠지만 이것이 현실입니다. 현실로부터 도피해서는 아무것도 해결할 수 없습니다.

'입장'을 무엇보다 우선시하는 사회에서 '행복한 부부'는 서로 호감에 이끌려 맺어지는 한 쌍이 아닙니다. 보다 좋은 입장끼리 짝지어 이 입장주의 사회를 함께 헤쳐 나가는 것을 목표로 하는, '반려'라는 말로 표현되듯 이해관계가 일치하는 파트너인 겁니다.

이 현실을 한 번 받아들이면 보통의 멘탈로는 살아가기가 힘들어집니다. 그렇기 때문에 자기 자신을 기만하는 도쿄대식 화법이 필요해집니다.

후쿠시마 제1원전 사고 때의 어용학자 사례에서도 말씀드렸듯이 도쿄대식 화법은 타인을 속이는 것만이 전부가 아닙니다. 731부대의 과학자들이 인체 실험 포로들을 '마루타(통나무)'라고 불렀듯 자신의 양심을 속여 정상적 판단을 하지 못하도록 하기 위해 도쿄대식 화법이 필요한 것입니다. 이 중에서도 가장 대중적인 것이 다음과 같은 한마디겠지요.

"부부 사이는 원래 다 그런 거야."

도대체 무엇이 '원래 다 그렇다'는 건지 모르겠습니다. 지리멸렬하지만 이런 '해탈한 말'이 사람을 묘하게 납득시키는 힘이 있습니다. 부부관계는 이것저것 고민할 것도 없으니 생각조차 하지 말라는 식으로 자신을 타이르고 있습니다.

'입장끼리의 결혼'에 불과했다는 현실을 문득 깨닫게 될 때 입장주의자는 다음과 같은 주문을 마음속으로 되풀이함으로써 자기에게 최면을 걸어 현실에서 도피합니다. 저는 어느 교수가 이렇게 말하는 것을 들은 적이 있습니다.

"젊은 시절의 혈기왕성함으로 덜컥 결혼하고, 그 후에 서로의 진짜 모습을 알아보고는 혐오하고 증오하기를 반복하다가 구역질이 날 만큼 괴로워졌을 때 비로소 진정한 부부관계가 시작되는 거야."

이 말을 듣고는 순간 소름이 돋았던 기억이 납니다. 제가 젊은 시절 혈기왕성함으로 저질러버린, 그렇게 십 년 이상을 견뎌낸 지옥 같은 '입장 결혼'을 정확히 설명해주는 말이었으니까요.

'다 그런 거야'라는 속임수

말씀드렸다시피 도쿄대식 화법은 절대적으로 자기 자신을 기만하는 것은 물론이며, 타인을 기만하는 것 또한 당연히 가능합니다. 예를 들어 연애감정도 없이 타성에 의해 결혼해버린 남성이 있다고 치지요. 자신의 '입장'에 어울리는 상대라는 이유만으로 결혼했으니 필연적으로 관계는 완전히 식어버릴 수밖에 없습니다. 이런 결혼생활은 잘못돼도 너무 잘못된 것이라며 고민 끝에 회사 상사에게 조언을 구했습니다. 자초지종을 들은 상사는 그에게 이렇게 말합니다.

"부부라는 건 원래 다 그런 거야."

어딘가 석연치 않은 설명이라 생각하지만 인생 선배가 자신만만하게 단언하고 있으니 '원래 다 그런 건가 보다' 하며 납득하지 않을까요? 이런 짧은 말에도 다음과 같은 도쿄대식 화법의 핵심이 응축되어 있기 때문입니다.

규칙3. 불리한 부분은 무시하고 유리한 부분만 답변하기

규칙5. 아무리 엉터리여도 자신 있고 당당하게 말하기

규칙12. 자신의 논리가 합당하다며 근거 없이 단언하기

세상엔 이 남성이 처한 어려움과는 달리 따뜻한 관계를 맺

고 있는 부부들도 많지만 그런 정보는 전혀 알려주지 않습니다. 이처럼 상당히 치우친 개인적 의견임에도 자신만만하게 "원래 다 그래"라고 말하며 그것이 마치 사회의 표준인 양 상대를 기만하고 있습니다.

또한 앞에서도 말했듯이 도쿄대식 화법을 구사하는 상사도 상대를 설득하는 동시에 스스로 '맞아 그런 거야, 원래 다 그런 거야'라며 자신의 사고를 정지시켜버리는 것입니다.

이 구도는 무언가와 닮지 않았나요? 맞습니다. 바로 후쿠시마 원전 사고 때 도쿄대식 화법을 구사했던 전문가들의 화법과 똑같은 수법입니다.

현실 직시를 회피하기

후쿠시마 원자로 건물이 폭발했을 때, 대다수 전문가들은 도쿄대식 화법을 구사하여 "원전은 폭발하지 않습니다. 일반인들은 모르시겠지만 원전이란 그렇게 설계되어 있습니다"라며 텔레비전과 신문을 통해 단언했습니다. 이는 사실 국민을 설득하는 동시에 자신도 필사적으로 설득하고 있는 것입니다.

"원전이 폭발했습니다"라고 현실을 있는 그대로 설명하는 것은 어용학자 입장에서는 대단히 용기가 필요한 일입니다.

왜냐하면 지금까지 숨겨온 기만과 거짓말을 모두 인정해야 하기 때문입니다. 비겁한 겁쟁이인 그들은 현실에 등을 돌리고 사고를 정지시켰습니다. 현실을 직시하면 자신이 원자력의 연구자와 전문가가 아니라 단순한 원전 마피아의 '입장'으로서 체스판 위에 올려져 있는 말이었다는 사실을 인정해야만 합니다. 그러니 당시 어용학자들의 말과 행동은 본능적으로 현실 직시를 기피한 것입니다.

이를 부부관계에 적용해보면 쉽게 이해할 수 있다고 봅니다. 서로 아무런 대화를 하지 않는다면 법적으로 이혼만 하지 않았을 뿐 사실상 부부관계가 폭발해 가정이라는 '원자로 건물'의 지붕이 날아가 이미 뭉게뭉게 연기가 피어오르는 상황입니다. 안에서는 죽음의 재가 유출되어 본인뿐만 아니라 자식들과 가까운 이들의 삶까지 침식시키고 있습니다.

이를 두 눈 뜨고 보면서도 "부부관계는 원래 다 그런 거야"라는 도쿄대식 화법으로 얼버무린다면 끝없는 기만이 생겨나 나중에는 필시 곤혹스럽고 곤란한 상황에 처하게 될 것입니다. 이런 기만에 가득 찬 공기를 들이마시며 자신을 속이는 동안 가정폭력과 가출, 극단적으로는 칼부림이나 자살 같은 돌이킬 수 없는 비극을 초래할 우려도 있습니다.

현실을 직시하여 '정명正名' 하는 것이 남녀 사이에도 대단히 중요하다는 겁니다.

탈선하는 상류층 자녀들

이처럼 입장끼리의 결혼이 초래하는 또 하나의 비극에는 '자녀' 문제가 있습니다. 어른끼리는 그나마 도쿄대식 화법으로 자신과 상대를 기만하며 우여곡절을 겪더라도 정년퇴직 때까지는 버틸 수 있을지도 모르겠지만 아이들은 민감합니다.

입장주의자 부부 사이에서 태어난 아이는 일정한 연령에 이르면 자신의 부모가 서로 사랑해서가 아니라, 단순히 서로의 '입장'에 이끌려 결혼해 '행복한 부부' 모습을 연출하고 있음을 알아차립니다. 자신은 입장끼리 이어져 탄생한 '입장의 연결고리'에 불과하다는 현실을 직시해야 하는 상황에 맞닥뜨리는 겁니다.

아이가 아니라 해도 이런 가혹한 현실을 인정하는 것은 괴로운 일입니다. 정치인과 유명인 등 사회적 지위가 높은 남녀가 결혼해 낳은, 소위 '왕자님'과 '공주님'으로 통하는 상류층의 자녀가 유년기에 문제 행동을 일으키거나 범죄자가 되는 경우가 적지 않습니다.

유복한 환경이 이 아이들의 모든 응석을 다 받아주었기 때문이 아닙니다. 그보다는 아이들이 부모의 기만적 관계를 더 이상 견딜 수 없어서 일으키는 정상적인 반응이라고 저는 생각합니다.

애정에 겁먹는 아이들

이처럼 괴로운 환경에서 자라난 아이를 식별할 수 있는 특징이 있습니다. 그런 아이들은 '애정'을 보여주면 이상할 정도로 겁을 먹습니다.

입장주의자 남녀가 결혼해 낳은 아이는 입장상 태어난 존재입니다. 각자가 사회에서 자신의 '입장'을 지키기 위해 '아빠'와 '엄마'라는 역할을 수행하는 것이니, 입장상 아이를 돌보는 것입니다. 이처럼 입장을 배경으로 길러진 아이의 관점에서는 당연하게도 '애정'을 느끼지 못합니다. '부모자식 관계 따윈 원래 다 그런 거야'라고 생각하지는 않더라도 그런 상황이 당연한 것이라고 자신을 납득시킵니다. 이렇게 하는 것 외에 아이에게 주어진 선택지는 없습니다.

그러므로 그들은 이 세상 어딘가에 사랑에 빠진 남녀가 애정을 듬뿍 주고받으며 키운 아이가 존재한다는 현실을 인정하고 싶지 않아 합니다. 자신이 '사람'이 아니라 '입장이 낳은 체스말'에 불과하다는 매우 두려운 사실을 직시해야 하기 때문입니다.

이런 아이들이 '애정'을 직접 경험하게 되면 어떻게 될까요? 우선 도망칩니다. 도망치는 것을 쫓아가면 반발하고 그 '애정'이 진짜인지 가짜인지를 시험하려 합니다. 예전 학원물 드라마에서 불량 학생이 열혈 교사에게 하는 행동과 완전히 똑같다며 놀라는 분이 있을지 모릅니다. 그 장면이 바로 '애정'에 겁먹는 아이의 일반적인 행동을 묘사한 것이었지요.

이렇게 되지 않기 위해 입장주의자 부모는 어떻게 할까요? 도쿄대식 화법으로 자신의 본심을 애써 외면하고 자신을 기만한 채 자녀에게는 엄격한 '훈육'이라는 폭력적이고 비언어적인 메시지를 통해 서서히 '입장'을 세뇌시키지요. 이에 성공하는 경우가 바로 아이가 도쿄대에 합격하는 것입니다.

'결혼은 행복'이라는 위험한 확신

당연한 말이지만 이러한 기만의 끝에 '행복' 따위가 있을 리 없습니다. 행복을 바라는 것은 마치 도깨비불을 좇는 것과도 비슷합니다. 도쿄대식 화법에 지배되고 있는 이상 이 부부는 물론 그 자녀들도 결코 행복해질 수 없습니다.

그러나 이를 인정하면 모든 것이 끝나버립니다. 여기서 이러한 부부와 가족은 기만 상태를 필사적으로 감춰보고자 갖은 수단을 동원합니다. 저는 이를 '행복의 위장 공작'이라고 부릅니다.

행복을 위장한다는 것이 무엇인지 고개를 갸우뚱하는 분들도 있을 테지요. 일반적으로 부부와 가족은 '행복하다'고 여겨집니다. 독신자보다 생활에 활기가 있고 다양한 시련과 즐거움을 함께할 상대가 있는 건 멋진 일이라는 거지요. 하지만 유감스럽게도 현실은 그렇지 못한 경우가 많습니다. "결혼하길 잘했다" "가족을 가질 수 있어 행복해"라고 진심으로 말하는 사람은 극소수로, 대부분의 사람들은 이유도 모른 채 괴로움을 겪고 있습니다.

상대방과 함께 있으면 숨이 막힐 지경인데도 '결혼했으니 나는 행복한 거야' 하고 확신해버립니다. 이 확신에 의해 또다시 고통을 겪는 구도가 되풀이됩니다. 분명히 행복해야 할 상황에서 행복을 느끼지 못하는 자신에게 무언가 문제가 있다고 여겨 마음의 병을 앓는 분도 계십니다.

이런 상태에 빠지지 않으려면 어떻게 해야 할까요? 자기 자신을 '행복하다'고 생각할 수 있는 증거들을 모으는 수밖에 없습니다. 그게 바로 '행복의 위장 공작'입니다.

디즈니랜드의 피곤한 행복

이 '위장 공작'에는 여러 가지가 있지만 제가 최근 주의 깊게 관찰하고 있는 것이 바로 디즈니랜드입니다. 출퇴근길에

도쿄 디즈니랜드를 지나기 때문에 디즈니랜드에서 놀다 저녁에 귀가하는 가족들을 자주 봅니다.

"퍼레이드도 볼 수 있어서 참 운이 좋았어."

"다음에 꼭 또 오자."

이런 즐거운 대화를 나누고는 있습니다만 자세히 들여다보면 부모도 아이도 피곤에 찌든 얼굴을 하고 있습니다. 부모는 이 일정을 잡기 위해 꽤나 무리했을 겁니다. 이상하리만치 흥분해 있으면서도 피곤에 찌든 얼굴들이 제게는 도무지 '행복한' 모습으로 보이지 않습니다. 오히려 공포감을 줍니다. 현실을 외면하기 위해 '행복한 가족'의 모습을 열심히 연출하다가 다크서클에 주름만 가득한 얼굴이 된 것처럼 보이는군요.

저를 꽤나 비뚤어진 인간이라고 생각하는 분도 계시겠지만 디즈니랜드가 현실 도피의 장이라는 것은 틀림없는 사실입니다. 예를 들어 2011년 동일본 대지진 후 디즈니랜드(와 디즈니시)는 그해 하반기에 사상 최고의 방문객 수를 기록했습니다.

매일 보도되는 피해지역의 참상과 일본 전역에 서서히 퍼져가는 방사성 물질. 이런 가혹한 현실에 놓였을 때 디즈니랜드와 같은 '꿈의 낙원'으로 사람들이 쇄도한 것은 결코 우연이 아닙니다. 보고 싶지 않은 현실이 들이닥쳤을 때, 자신이 '행복하지 않다'는 사실을 깨닫게 될 것 같을 때 사람들은 '행복의 위장 공작'에 매달리는 것입니다.

미국인의 행복 위장 공작과 가족사진

행복 위장 공작의 대표적인 것이 가족사진입니다. 앞서 말했듯이 언어화된 메시지는 사실 그다지 효과가 없습니다. 그런 점에서 '가족사진'은 '우리는 행복한 가족이야'라는 비언어적 메시지를 눈에 띄게 보여주므로 효과가 무척이나 강력합니다. 너무 강력한 나머지 '행복의 강박관념'에 의해 인생이 망가질 우려마저 있을 정도입니다.

무슨 말인지 설명해드리지요. 가장 알기 쉬운 예가 미국 중산층입니다. 그들은 직장 책상에 가족사진을 놓는 경우가 많습니다. 아시다시피 미국인은 '가족'을 소중히 여깁니다. '가족'이야말로 그들 행복의 상징이므로, 책상 주변에 가족사진을 놓아두고는 근무시간이 끝나면 곧바로 집으로 달려가 온 가족이 함께 식사를 합니다. 허나 이는 그들이 스스로 만든 '행복한 미국인'의 이미지일 뿐, 이를 아무리 추구한다 해도 '행복'을 느낄 수는 없습니다.

저는 그들 문화의 특징이 '끊이지 않는 웃음과 별것도 아닌 농담 따먹기로 치장된 행복감'에 있다고 생각합니다. 재미도 감동도 없는 농담 따먹기에 모두가 폭소하고 오버액션을 취합니다. 그리고 매일 가족사진에 키스하며 "아이 앰 해피!"를 연발합니다. 디즈니랜드는 바로 이것을 구현한 세계입니다.

그러나 현실은 어떤가요? 일본 같은 입장주의 사회는 아니지만 그들 사회도 마찬가지로 뒤틀려 있습니다. 뚜껑을 열어보면 부부관계는 다 식어 있고 애 어른 할 것 없이 마약에 손대는 가족들도 있습니다. '행복한 미국인'과는 거리가 먼 현실입니다. 이런 현실과의 간극에 머리를 싸매고 있는데 여기에 염장을 지르는 것이 바로 '가족사진'입니다.

"너는 행복한 거야."

행복은 쥐뿔도 없는데 사진이란 비언어적 메시지는 강박관념이 되어 '행복'할 것을 강요합니다. 이 기만에 견디지 못한 사람이 약과 술에 빠지고 극단적인 경우 자살을 하거나 다른 이들의 목숨을 위협하는 사건을 일으키는 것이 아닐까요? '가족사진'이란 참으로 무서운 물건입니다.

미국식 '행복 위장 공작'을 흉내 낼수록 실제 '행복'과의 간극은 점차 벌어져 더욱더 궁지에 몰리는 결과를 낳습니다. 게다가 이처럼 타인의 문화를 흉내 내는 것은 타인의 '행복'을 좇는 것이기도 하기에 이중의 어려움에 빠지기도 합니다.

저는 이를 '영혼의 식민지화'라고 부르며 최근 몇 년 동안 연구를 하고 있습니다. 간단히 말하면 '영혼'이 식민지화된 사람은 자기 자신의 지평이 아닌 타인의 지평을 사는 사람입니다. 다시 말해 자신이 느끼는 '행복'이 아니라 타인이 '행복'이라고 느끼는 것을 좇는 것입니다. 당연한 말이지만 이렇게 해서는 진정한 행복을 느낄 수 없습니다.

제가 책상 위에 '가족사진'을 놓지 말라고 하는 이유가 바로 여기 있습니다.

입장주의자를 기르는 일본의 수험제도

이처럼 입장주의자 가족은 행복 위장 공작으로 '행복한 가족'을 연출합니다. 부모는 입장의 필요상 만든 아이를 훈육을 통해 자기와 같은 입장주의 사회의 일원으로 길러냅니다.

유년 시절부터 제대로 '훈육'받은 아이들은 특정 상황에서 '입장'을 분별해내는 독특한 감각을 일찍이 체득합니다. 이런 아이는 학교에서 선생님에게 질문을 받았을 때 어떻게 자신의 '입장'을 지킬 수 있는지를 압니다. 친구들과 사귀는 과정에서 누구와 친하게 지내고 누구를 적으로 돌리면 자신의 '입장'을 지킬 수 있는지도 압니다. '처세술'이랄까요. 상대가 원하는 '답변'을 즉석에서 내놓는 능력이 점점 갖춰집니다.

이러한 능력을 갈고닦아 완성시키는 것이 바로 일본의 수험제도입니다. 문제 출제자가 무엇을 묻고 있는지 조건반사의 속도로 이해하고 이에 어울리는 정답을 즉시 써내는 겁니다. 날마다 이런 훈련을 반복하여 기술을 숙달한 학생이 '도쿄대'

에 합격하는 것입니다. 결코 머리가 좋은 학생이 도쿄대에 들어가는 것이 아닙니다. 앞서 '도쿄대 문화'에 대해 말했듯 '균형감각'과 '사무처리 능력'이 수험공부 과정에서 단련되는 요소입니다.

도쿄대생의 전성기

이렇게 입장주의자의 아이가 성장해 입장주의자가 되어 다른 입장주의자와 입장상의 부부가 되어 입장주의자 자녀를 만드는 일을 되풀이해온 것이 일본 근대사라 해도 과언은 아닙니다. 그런데 꼭 이렇게 반론하시는 분이 있습니다.

"그건 아니지. 어느 시점에 입장 따위와는 상관없는 뜨거운 연애 끝에 결혼을 해서 그동안 이어져온 입장주의 사슬이 끊어지는 경우도 있지 않은가?"

물론 '없다'고는 말씀드릴 수 없지만 유감스럽게도 그런 경우는 대단히 희귀하다고 봅니다. 그도 그럴 것이 유유상종이란 말처럼 입장주의자에게는 본인의 의사와 상관없이 입장주의자가 마치 자석처럼 따라붙기 때문입니다.

한 가지 예를 들어보지요. 이는 어디까지나 일반론이긴 하지만 도쿄대에 재학 중인 남학생들은 별로 인기가 없습니다.

입장주의 사회 안에서 도쿄대식 화법을 구사하는 많은 엘리트들을 도쿄대에서 배출하고 있으니 도쿄대 출신자는 인기가 많을 거라 생각하지만 여학생들은 아직 입장사회의 일원이 아니기 때문에 생명력 넘치는 매력을 가진 사람에게 매력을 느낍니다.

이렇게 인기 없는 도쿄대 남학생이 갑자기 인기를 얻는 시기가 있습니다. 이른바 '전성기'는 재학 시절에 찾아오지 않습니다. 졸업하고 사회에 진출해 대략 2~3년차쯤, 그러니까 만 25세 전후에 찾아옵니다.

눈치가 빠른 분들은 이미 아셨겠지요. 무슨 말인가 하면, 이 시기에 같은 세대의 여학생들은 입장주의 세례를 받고 음습한 여성 차별에 직면해 절망합니다. 그 후 스스로 자신의 '입장'을 지키는 일을 포기하고 이를 적절히 지켜줄 '입장'을 가진 사람을 찾기 시작합니다.

입장주의사회에서 여성이 자신의 '입장'을 철저하게 지켜내기 위해서는 두 가지 방법이 있습니다. 하나는 입장주의 사회 안에서 자기 자신도 '입장'으로서 기능하여 어딘가 커다란 세관(대기업)의 보수점검 담당자가 되는 것이지요. 하지만 이는 좀처럼 쉽지 않은 것이 현실입니다.

예를 들어 일본의 입장주의 사회의 축소판인 도쿄대에서 여성 교수 비율은 어느 정도라고 생각하시나요? 놀라지 마세요.

2009년 기준 교수 전체 인원 중 여성이 차지하는 비율은 겨우 4.2%입니다. 믿기 어려울 정도의 낮은 수치이지만 이마저도 꽤 개선된 결과입니다. 2003년에는 2.7%였으며, 20세기 말에는 1% 전후였을 거라고 추정됩니다. 현재에도 이과계에 한정하면 여성 교수의 비율은 극히 낮은 수준입니다.

이 입장주의 사회, 나아가 '입장'이란 것은 남성을 중심으로 만들어진 것입니다. 남성을 위해 만들어진 '입장'이란 의자에 여성이 앉는다는 것은 보통 일이 아닙니다. 그래서 대부분의 여성이 자신의 '입장'을 지키기 위해 '입장'이 있는 남성을 찾는 것입니다.

'사축'이 나오는 대목에서도 말씀드렸듯이 사회생활 2~3년 차 정도면 개인적 감정을 버리고 '입장'으로서 살아가겠다는 커다란 결단을 내리는 시기이기도 합니다. 이때 자신의 '입장'을 잘 분별하는 사람끼리 만나 입장끼리의 '연애'를 시작하는 것이지요.

물론 '입장' 따위에는 흥미가 없고 생명력 넘치는 매력적인 연인과 결혼하여 가정을 꾸리고 싶어 하는 사람들도 있습니다. 그런 부부 사이에서 태어난 아이는 '입장'에 휘둘리는 일 없이 동물적 감각에 따라 사람을 만나기 때문에 입장주의 사회와는 점점 더 멀어지게 됩니다.

나의 장래성을 알아차린 여성

앞서 말씀드렸듯이 '도쿄대 출신'은 도쿄대식 화법으로 대표되는, 입장주의 사회를 지키는 강력한 무기를 가지고 있습니다. 이런 세계에서 살아가고자 하는 여성들이 이와 같은 '입장'에 끌리는 것도 어찌 보면 자연스러운 흐름이 아닐까 싶습니다.

하지만 세상이 그렇게 이해타산적으로만 돌아갈 리 없다고 생각하는 분이 있을지도 모르니 제 경험을 말씀드리지요.

저는 도쿄대가 아닌 교토대를 나왔지만, 사실 교토대생도 대동소이합니다. 일반적으로 인기가 없습니다. 그 후 대학을 졸업하고 스미토모은행에서 일하다가 그만두고 교토대 대학원에 진학했을 당시에도 전혀 인기가 없었습니다. 당연하게도 은행원 시절이 훨씬 더 인기가 있었기 때문에 대학원에 와서 이 '인기 격차'에 놀라기도 했지요.

이렇게 인기 없는 대학원생에게 어느 날 갑자기 '전성기'가 찾아왔습니다. 안정적인 직장에서 뛰쳐나온 저한테 생명력 넘치는 매력이 갖춰졌기 때문⋯이 아니라 단순히 제가 가진 '입장'이 어떤 냄새를 풍겼기 때문이 아닐까 하고 분석합니다.

당시 저는 평범한 대학원생이었지만 은행원 시절 단련된 근성으로 맹렬한 기세로 공부하여 아주 빠른 속도로 논문을 쓰기 시작했습니다. 학부에서 곧바로 대학원에 진학한 학생들을 보면 만사 천하태평으로, 사회생활을 경험했던 저에게는 '어떻게 저렇게 태평할 수 있을까, 장래가 걱정되지 않나' 싶을 정도였지요. 그런 그들과 달리 직장인 근성을 발휘해 공부하면 만화 주인공 '소닉'처럼 고속 이동이 가능해집니다.

저는 그렇게 일이 술술 풀려 석사과정을 수료한 직후 연구소의 조교가 되었는데, '전성기'가 찾아온 것은 바로 이때였습니다.

'이 사람은 장래에 대학교수가 될 거 같은데?'

제 입으로 말하기 참 부끄럽지만, 그때 제게 접근해온 사람들 중에는 저의 '장래성', '입장'이 풍기는 냄새를 맡은 이들이 있었을 겁니다. 그리고 저는 이 중 한 명과 '입장 결혼'을 하게 되지요.

입장사회에서 여성이 성공하려면

여성은 스스로 '입장'을 갖기가 남성보다 어렵습니다. 그 이유는 애당초 근대 들어서 탄생한 이 '입장'이란 개념이 남성사회를 전제로 만들어진 것으로, 남성, 그중에서도 중년층에게 안성맞춤인 시스템이기 때문입니다.

앞에서도 말했듯이 어떤 '입장'을 갖는다는 것은 점점 둔감해진다는 것으로, 인간으로서의 감수성을 죽이는 과정입니다. 731부대의 과학자, 가미가제 특공대로 죽어간 젊은 병사, 과로사 한 직장인 모두 개인적 감상과 감정을 누르고 철저하게 '사람'이 아닌 '입장'을 관철했기 때문에 각자의 '역할'을 수행할 수 있었던 겁니다. 사회에서는 이를 대대적으로 찬양했지요.

개개인의 감정이 개입되어서는 커다란 기계가 제대로 작동하지 않습니다. 감정이 없을수록 기계는 매끄럽게 움직이므로, '입장'이라는 것은 기계가 매끄럽게 작동되도록 돕는 부품과도 같은 것입니다.

이런 '감각의 소멸'을 어쩔 수 없는 것으로 먼저 받아들이는 쪽은 아무래도 남성들입니다. 여성의 경우 일반적으로 남성보다 감각이 예민하여 자신의 마음을 누르고 속이면서까지 살아야 하는 데 쉽게 의문을 느낍니다. 요컨대 '입장'이라는 가시 방석에 가만히 앉아 있지를 못하는 것이지요.

'입장'이라는 의자에 앉는 것을 포기한 많은 여성들이 그 울분을 털어내듯 '입장' 있는 남성을 찾아나서는 것은 앞서 설명한 그대로입니다. 이때, 원래는 훌륭한 가치와 깊은 애정의 기초가 되어야 할 여성의 예민한 감수성이 남성이 가진 '입장'의 잠재력을 계산하는 하찮은 일에 쓰이고 마는 것이라고 생각합니다.

입장주의자를 식별하는 방법

마지막으로 이러한 사람을 식별할 수 있는 결정적인 도쿄대식 화법의 구체적 예를 소개하고자 합니다. 만약 교제를 시작한 연인과 말다툼을 하거나 상대가 당신에게 사과를 하는 상황에서 이렇게 말한다면 그는 '입장'에 중독된 사람일 가능성이 상당히 높습니다.

"당신의 기분을 해쳤다면 사과할게요. 미안해요."

언뜻 진심 어린 사과라는 인상을 주지만 이는 전형적인 도쿄대식 화법입니다. 자신이 사과해야만 하는 당사자임에도 불구하고 방관자인 양 말하고 있습니다. 이런 사람은 신뢰할 수 없습니다. 이런 사람은 그밖에도 기만적 화법을 구사하는 경우가 많고 '입장'이란 늪에 깊이 빠져 있을 우려가 있습니다.

대표적인 예로 후쿠시마 원전 사고에 등장한 어용학자와 원전 마피아의 권위자들이 있지요. 비판의 표적이 된 그들은 이런 말로 자주 위기를 모면하곤 했습니다.

"만약 …하게 보였다면, 사죄드립니다."

'나는 그렇게 말할 의도가 없었지만 뭐 그렇게 들렸다면야 사과하죠' 식으로 말하는 일종의 '치고 빠지기' 전술이기도 합니다. 사과하는 척하지만 자신은 잘못이 없다고 생각합니다. 이렇게 기만성을 은폐하면서 그 순간을 모면하려는 사람은 역시 신뢰할 수 없습니다.

"나는 당신 말을 납득할 수 없으니 사과할 생각이 없어."

오히려 이렇게 확고하게 말하는 사람이 인간적으로는 더 정직한 경우입니다. 물론 싸움은 더 길어지겠지만 서로가 납득할 때까지 치고받는 것이 낫지 않을까요?

입장주의는 사회의 구석구석, 인간관계 속에 만연해 있습니다. 도쿄대식 화법의 규칙은 신뢰해서는 안 될 사람을 식별해내기 위한 지표로도 유효한 것이니 기억해두셨다가 활용해보시기 바랍니다.

6장

도쿄대식 화법에 반격하기

가정부 미타와 도쿄대식 화법

지금까지 도쿄대식 화법이란 무엇인지, 도쿄대식 화법을 구사하는 입장주의자들은 어떤 사람들인지 살펴봤습니다. 그렇다면 도쿄대식 화법에 기만당하지 않고 이 입장주의 사회를 살아가기 위해서는 어떻게 하면 좋을까요?

저는 도쿄대식 화법을 고찰한 《원전 위기와 도쿄대식 화법》이란 제 책에서 이런 문화를 타파하기 위해서는 도쿄대식 화법을 비웃어야 한다고 강조해왔습니다.

도쿄대식 화법을 듣고 "과연 그렇구나" 하고 감탄하며 납득하는 것이 아니라 "저건 도쿄대식 화법이잖아?"라고 확실히 말해, 주변 사람들도 인식할 수 있게 합니다. 그리고는 "저 사람, 도쿄대식 화법 따위를 쓰고 있는데 도대체 무슨 속셈인 걸까?"하며 비웃는 겁니다. 도쿄대식 화법을 구사하는 사람의 노림수를 간파하여 그 치졸함을 비웃는 것. 이 기만적 화법을 비웃을 수 있는 지혜가 사회 전반에 확산되면 지금까지 도쿄대식 화법으로 무책임한 이야기를 퍼뜨려온 사람들도 자숙할 것입니다. 또한 어디서 주워들은 도쿄대식 화법을 자기 주장에 갖다 붙여 거짓말을 퍼뜨리는 사람들도 사라질 것입니다.

앞에서도 말했듯이 도쿄대식 화법은 구사하는 사람은 물론 이를 듣고 감탄한 사람이 도쿄대식 화법의 발신자가 되어 자기 증식하므로 바이러스처럼 사회 전체를 감염시키는 것이지요. 이런 사람들을 향해 "도쿄대식 화법 따위를 아직도 써먹나?"며, 그것이 비굴한 것임을 알려주어 그 설득력을 무너뜨리면 도쿄대식 화법 자체가 유지되기 힘들어질 거라 봅니다.

이처럼 '비웃기'라는 대응 외에도 도쿄대식 화법으로 대표되는 기만을 꿰뚫어보는 방법이 있습니다. 이러한 기만성을 그려낸 훌륭한 예술작품을 감상하는 것입니다. 예를 들면 텔레비전 드라마 〈가정부 미타〉가 있습니다.

아시는 분들도 많을 거라 봅니다만 2011년 10월부터 닛폰TV에서 방송된 인기 드라마입니다. 방영을 시작했을 때는 별로 주목받지 못하는 드라마였는데, 점점 시청률이 오르더니 마지막 회는 지난 십 년간 방송된 일본 드라마 중 최초로 40

퍼센트 시청률을 돌파하는 대기록을 세우기도 했지요.

스토리는 간단합니다. 아이들 엄마가 죽고 없는 집안에 '미타'라는 가정부가 들어옵니다. 무표정하고 마치 기계 같은 그녀는 지시 받은 일은 "예, 알겠습니다" 하며 무엇이든 완벽하게 처리합니다. 하지만 융통성이 없어서 지시나 명령만 있으면 살인도 서슴지 않을 것만 같은 캐릭터로 설정되어 있지요.

이런 '미타 씨'는 상당히 수상한 인물이지만, 미타 씨가 파견된 이 집안도 참 문제투성이입니다. 아내는 남편이 회사 동료와 불륜 관계임을 알고 이를 괴로워하다 자살했습니다. 또 자녀들은 수험 공부와 따돌림, 연애 등 다양한 문제를 안고 있습니다. 엄마이자 아내의 자살로 붕괴 일보 직전인 일가족 앞에 미타 씨가 나타나 '이상한' 행동을 하는 과정에서 서서히 가족 간의 애정이 회복되어가는 이야기입니다.

'알겠습니다'의 저력

이런 드라마가 어째서 도쿄대식 화법과 상관이 있냐고요? 상관이 있습니다. 주인공 미타 씨가 기만적 화법으로 대표되는 입장주의 사회에 대항하기 위한 '새로운 해답'을 제시하고 있기 때문입니다. 이는 한때 유행하기도 했던 그녀의 대사이지요.

"예, 알겠습니다."

가정부 미타 씨는 그 집안사람들이 지시하는 것이면 무엇이든 행동에 옮깁니다. 둘째 아들이 반에서 따돌림을 주도하는 친구 이야기를 하며 "미타 씨, 그 애 좀 죽여줘" 하니 "예, 알겠습니다" 하고는 정말로 목을 졸라 죽여버립니다. 일가족은 이런 행동을 하는 미타 씨를 위험한 사람이라 생각하여 처음에는 두려워하지만, 가만히 생각해보니 오히려 "죽여줘"라고 말한 자신들에게 문제가 있음을 깨닫습니다.

이 드라마의 훌륭한 점은 평범한 가정 속에 스며 있는 기만에 정면으로 맞선다면 어떻게 되는지를 주제로 삼았다는 점이지요. 드라마의 배경은 한적한 동네의 단독주택으로, 누구나 '행복한 우리 집' 하면 쉽게 떠올리는 이미지입니다. 하지만 이는 환상일 뿐, 아버지의 불륜과 어머니의 자살을 통해 자녀들은 자신이 서로 사랑하는 부모 사이에서 태어난 것이 아니라 '입장상' 태어난 존재임을 깨닫고는 괴로워합니다.

이런 거짓투성이인 가족 사이에 미타 씨가 개입하여, 그들이 입장에 따라 서로 고통을 주고받는 '저주'를 풀어준 셈입니다. 이리하여 그 가족은 원점으로 돌아가 다시 시작할 수 있게 됩니다.

이 드라마가 방영되기 반년 전 동일본 대지진으로 후쿠시마 원전 사고가 일어났습니다. 이 책에서도 되풀이하여 말씀드리고 있지만, 원전이란 도쿄대식 화법에 의해 탄생하여 도쿄대식 화법에 의해 붕괴하고 있는 입장주의 사회의 화신 같은 것입니다. 이 사고로 일본이라는 입장사회 전체가 심하게 뒤흔들렸습니다. 바로 이 드라마에 나오는 일가족처럼 기만성이 단번에 분출한 것입니다.

이런 기만성을 애써 관철하려다가 결국 모든 것이 파괴된 뒤에야 애정을 회복하는 가족. 입장주의 사회에서 '살아가는' 모습이 어떤 것인지를 일본인들에게 날카롭게 보여주었기 때문에 이 드라마가 인기를 끌 수 있었다고 저는 생각합니다.

엉터리를 충실히 실행함으로써 왜곡을 폭로하기

미타 씨가 보여준 방식으로 도쿄대식 화법에 대응할 수 있습니다. 예를 들어 "원전은 결코 폭발하지 않으며, 인근 주민의 건강에도 아무런 영향이 없다"며 도쿄대식 화법을 구사하여 자신만만하게 말하는 어용학자가 있다고 치지요. 그는 초일류의 도쿄대식 화법을 구사하는 사람이므로, 반론이나 비판을 제기하면 역으로 문외한 취급을 하거나 도무지 알 수 없는 논리를 꾸며내 연막작전을 펼칩니다. 물론 이를 비웃는 것도 효과적이지만 "예, 알겠습니다"라는 반격도 효과적인 방법 중 하나일 겁니다.

이는 예전에 히로세 다카시広瀬隆 같은 사람이 주장한 것이기도 합니다만, 원전의 안전성에 그렇게 자신이 있으면 인구가 적은 도호쿠東北 지방의 한적한 마을이나 바닷가가 아닌, 도쿄의 바닷가나 후지산 기슭에도 짓자는 겁니다. 어차피 안전할 테니까요. 미타 씨처럼 상대가 말하는 그대로 해보는 것입니다.

상대의 말을 모두 진지하게 받아들여 실천해보기. 이렇게 하면 틀림없이 어용학자들은 다음과 같은 변명을 할 겁니다.

"아니, 안전하다고는 했지만 그렇게까지 할 건 없지요."

그렇게 안전하다면서 어째서 인구 밀집 지역에는 짓지 못하는 걸까요? 전력의 최대 소비지역인 도쿄의 전기를 어째서 멀리 떨어진 후쿠시마나 니가타의 한적한 마을에서 생산하는 걸까요?

그렇게 스스로를 기만하는 이들에게 "예, 알겠습니다" 하고 모두 긍정함으로써 어용학자가 도쿄대식 화법으로 어떻게든 비벼보려고 한 자신의 기만성을 똑바로 마주하도록 하는 것입니다. 이렇게 함으로써 미타 씨에게 무모한 지시를 내려 험한 꼴을 당해야 했던 일가족처럼 어용학자들도 자신의 기만성을 깨달을 수 있을 거라고 생각합니다.

애당초 도쿄대식 화법이란 '가능하지도 않은 일을 마치 가능한 것처럼 그럴싸하게 보이게 하기' '아무런 근거가 없는 것을 마치 근거 있는 것처럼 보이게 하기' 같은 기만의 기술이므로, 화려한 언어 속을 들여다보면 전혀 현실적이지 못한 엉터리일 뿐입니다.

이를 정색하고 진지하게 받아들여 전부 그대로 실행하면 어떻게 될까요? 그렇게 말한 사람이나 거기에 얽힌 '입장'을 지키려는 사람들이 반드시 말리려 들 겁니다. 입장 3대 원칙에서도 언급했듯이 도쿄대식 화법을 구사하는 입장주의자에게 타인의 '입장'을 침해하는 일은 금지되어 있는 일이므로, 그들은 당황하며 '미타 씨'를 말리러 오는 것입니다.

그들이 도쿄대식 화법을 구사해 기만하려는 것은 처음부터 가능하지도 않은 '가짜'와 같은 것이므로, 이를 실제로 실행에 옮기려 하면 이 입장사회 안에 존재하는 다양한 입장들 사이에 균열이 생기는 것입니다.

이런 기만성에 대해서는 무작정 해보는 것도 효과적인 대응입니다. 상대로 하여금 스스로가 비뚤어져 있음을 알아채도록 할 수 있으며, '입장'이 어떤 방해 공작을 펴도 미타 씨처럼 집요하게 실행에 옮기면 그 기만성을 폭로하고 무너트릴 수 있습니다. "예, 알겠습니다"가 도쿄대식 화법에 기만당하지 않기 위한 좋은 방법인 것은 바로 이러한 이유에서입니다.

알리바이용 회의에 대처하는 법

'미타 씨'처럼 시스템의 문제점을 철저하게 실행에 옮겨 도쿄대식 화법 속 기만성을 파괴하는 방식은 현실에서도 충분히 활용할 수 있습니다. 예를 들어 만약 당신이 다니는 회사가 도무지 말도 안 되는 사내 개혁 프로젝트 책임자로 당신을 발탁했다고 가정해봅시다. 작정하고 개혁을 단행한다면 인원의 대량 감축과 부서의 예산 삭감 등 일개 사원이 결정할 수 있는 재량을 훨씬 넘어선 판단이 필요하기 때문에 실제로 그런 개혁이 가능할 리가 없습니다.

매일 아무런 결론도 나지 않는 '의미 없는 회의'를 되풀이하고, 무리라는 지적을 무릅쓰고도 진행해야 하는 공허한 나날이 이어지면 당신도 기운이 빠지는 게 당연합니다. 그렇다 해도 당신은 일개 회사원이므로 "이런 건 쓸데없는 일이니 그만둡시다"라는 말은 하지 못합니다. 여기서 미타 씨의 방법론이 빛을 발하는 것입니다.

구체적으로 어떻게 하는 건지 말씀드리지요. 사실 이건 아주 '당연한' 일이기도 합니다. 우선 그 회의에서 의제가 된 사안을 진지하게 마주하고 궁리해봅니다. 그러면 다음에 할 일이 무엇인지가 보입니다. 다시 말해 '의미 없는 회의'를 정말로 의미 있는 회의로 바꿔버리는 것입니다.

어떤 일을 작정하고 해결하려고 나서면 당연하게도 처리해야 할 방대한 업무가 발생합니다. 인원 감축을 위한 시뮬레이션, 부서 예산을 얼마나 삭감해야 하는지 등의 문제를 열심히 추진하는 것입니다. 얼마 지나지 않아 누군가가 찾아와 틀림없이 훼방을 놓을 것입니다. "그렇게 고지식하게 굴면 곤란한데" "혼자 나대지 마, 다른 사람한테 민폐니까" 하면서요.

입장주의 사회에서 하는 일이나 회의는 '가능하지도 않은 일을 하는 척하는 것'과 별 다를 게 없습니다. 이것이 큰 역할 중 하나이지요. 실제로 어떤 문제를 해결하고자 하면 반드시 누군가의 '입장'을 침해하게 됩니다. 이는 입장 3대 원칙에서 보면 절대적인 금기 사항입니다. 그래도 '할 수 없다'는 현실을 인정해버리면 모양새가 너무 나빠 보이니 회의를 열어 이도저도 아닌 말을 하면서 문제를 해결하고 있다는 알리바이를 만드는 겁니다. 이런 짜고 치는 회의 속에서 '미타 씨' 같은 사람이 나타나 "예, 알겠습니다!" 하며 문제 해결을 위해 움직이기 시작하면 지금의 '입장'을 지키고 싶은 사람과 충돌하는 일은 불가피하지요.

이러한 입장주의자들의 저항에 부딪쳐도 굴복해서는 안 됩니다. '미타 씨'처럼 지시를 충실하고 묵묵하게 수행하면 되는 겁니다. "왜긴요, 저는 사내 개혁을 하라는 회사의 명령을 받았으니까 하는 거죠" 하며 계속 진행하면 그 지시를 내린 상사가 당신을 따로 불러서는 이런 말을 할 겁니다.

"자네가 그 정도까지 할 줄은 미처 생각 못했네."

'그 정도까지'란 대체 어느 정도까지인가

이것도 다름 아닌 도쿄대식 화법입니다. 다음과 같은 기술을 구사해 '자신의 판단이 안이했다'는 자기비판을 한 다음, 명령을 충실하게 이행하고 있는 직원에게 핀잔을 줌으로써 마치 그 직원이 실수한 양 생각하게 하는 수법이지요.

규칙15. 보여주기 식의 자기비판을 통해 성실함을 연출하기
규칙16. 엉터리 논리로 연막작전을 펼쳐 주장을 정당화하기

여기에 속으면 안 됩니다. 애당초 '그 정도까지'란 어느 정도까지인지, 분명 사내 개혁을 하라는 명령을 하시지 않았냐고 반문하며 "그렇게 하라고 시키신 거 아닙니까?" 하고 대답해야 합니다. 그렇게 몇 마디 주고받다 보면 "부탁이니 이 건에서 그만 손을 떼주게"라는 말을 듣습니다. 그러면 "아니, 그럴 거면 처음부터 시키지를 말아주세요"라고 말합니다. 이제당신에게는 처음부터 가능하지도 않은 공허한 업무가 떨어지

는 일은 없을 겁니다.

세상이 다 그렇게 생각대로 되지 않을 거라며 의심하는 분도 있겠지만, 실제로 그렇게 됩니다. 사실 이런 방법론을 저 자신도 실천해왔기 때문입니다.

도쿄대 안에서 무언가 쓸데없는 일을 부탁받으면 저는 작정하고 열심히 처리했던 적이 있습니다. 조금도 뺀질대지 않고 '미타 씨'처럼 그 일을 완벽하게 완수하려는 거지요. 이렇게 하면 반드시 대학 내의 관습, 교직원들과 충돌이 필연적으로 일어납니다. 이에 굴하지 않고 꿋꿋하게 일을 추진합니다. 단순히 묵묵히 하는 것이 아니라 그 일을 해내기에 시스템이 맞지 않아 일을 추진할 수 없다고 판단되면 시스템을 뜯어 고치자고 주장합니다. 일을 완수해내기 위해서입니다.

그러면 신기하게도 누군가가 "제발 부탁이니 그만해줘"라는 말을 하기 시작합니다. 그래도 그만두지 않겠다고 하자 제 면전에서 호통을 치는 사람도 있었지요. 이런 일을 되풀이하다 보니 어느새 제게는 일이 별로 떨어지지 않게 되었습니다.

기필코 하겠다는 의지가 중요하다

이는 말할 것도 없이 직장인들의 입장주의 사회에서는 올바른 행동이 아닙니다.

'입장'은 모든 것에 우선하므로 다른 사람의 '입장'에 해가 되지 않도록 그럭저럭 하는 척을 하며 무의미한 회의를 되풀이하는 것이 입장주의 사회에서 올바른 행동방식입니다.

하지만 이 책의 독자처럼 도쿄대식 화법에 더 이상 기만당하고 싶지 않고, 기만으로 가득 찬 무의미한 일을 더 이상 하고 싶지 않은 분들에게 이 방법을 권해드립니다.

확실히 "예, 알겠습니다"라고 말해 지시받은 일을 작정하고 수행하는 미타 씨는 가사는 물론 무엇이든 할 수 있는 '슈퍼 가정부'입니다. 이러한 인물이 기만적 지시를 실제로 완벽하게 이행함으로써 비뚤어진 시스템이 노골적으로 드러나는 것이 이 드라마의 진수입니다.

현실 세계에서 능력 자체는 그다지 중요하지 않은 요소입니다. 중요한 것은 '깡'입니다. 지금까지 말씀드렸듯이 입장주의 사회에서는 그 일이 본래 하지 않아도 되는 일이 아니라, 해버리면 타인의 '입장'에 균열을 초래하는 일을 의미합니다. 그러니 진짜로 "내가 하겠어!"라고 말하기만 해도 반드시 '입장'을 지키고 싶은 사람들이 찾아와 말리는 것입니다.

여기서 중요한 것은 능력이 아닌 의지와 마음입니다. 주위의 방해에 부딪쳐도 '난 진짜로 할 거야'라는 자세를 관철할 수 있는지가 관건입니다.

한편 현실에서는 아무리 "알겠습니다"라는 새로운 방법으로 맞서보려 해도 좀처럼 기만성을 파괴할 수 없기도 합니다. 교묘한 도쿄대식 화법은 당신이 "알겠습니다" 하고 추진하던 일을 본래의 목적과는 다른 목적으로 바꿔치기하기 때문이죠.

감쪽같이 바꿔치기 된 목적

사실 제게도 이런 경험이 있습니다. 여러분도 '도쿄대, 가을 입학제 실시(일본의 학교제도는 4월 입학제를 실시하고 있음)' 보도를 보신 적이 있지요? 입학 시기를 검토해온 도쿄대의 TF팀이 기존의 4월 입학제를 폐지하고 세계적 추세이기도 한 가을 입학제로 전면 이행하는 방안을 2012년 1월 중간보고회에 제출했습니다. 이행의 주요 이유로는 국제사회의 대학 간 경쟁 환경에 대응하여 학생의 해외 유학을 촉진하는 것 등이 제기되었습니다.

사실 이 '가을 입학제'를 처음 주장한 사람은 바로 접니다. 계기는 동일본 대지진입니다. 전대미문의 재해가 일어난 직후 저는 국립대학이 할 수 있는 일이 무엇일지 진지하게 생각했습니다. 제가 살고 있는 나라가 힘든 시기에 직면했으니 저는 필사적으로 고민했습니다.

이때, 피해 지역 상황을 조사하는 과정에서 지역 학생들이 4월 입학식에 참석할 수 없다는 이야기를 들었습니다. 그때 저는 이 학생들을 위해서라도 새 학기를 가을로 미루면 어떨까 하고 생각했지요.

당연한 말이지만 지진으로 인해 도호쿠 지역의 대학에서 진행되던 연구도 모두 제동이 걸렸습니다. 새 학기를 가을로 미루면 그 지역의 대학들이 체제를 정상궤도로 되돌릴 여유가 생깁니다. 타 지역 학생들은 시간이 생겨 피해지역에 자원봉사를 갈 수도 있지요. 대학들도 지난날의 연구와 이를 통해 형성된 네트워크를 활용하여 피해지역을 다양한 형태로 지원할 수 있습니다.

이것이야말로 국민들의 세금으로 운영되는 '국립대학'이 나아가야 할 방향이라고 생각했습니다. 이런 제 생각을 아사히신문에 투고하자 지면에 글이 실렸습니다. 생각보다 큰 인상을 남겼는지 상당한 수준의 반향도 일으켰지요.

9월 학기제로 복구 응원을

대지진과 원전 사고로 인해 피해지역의 대학들이 입학식과 새 학기 개강을 줄줄이 연기하고 있다. 현 단계에서는 5월 개강이라고 발표한 곳이 많지만 나는 이번 기회에 모든 대학들의 회계연도 시작 지점을 4월에서 9

월로 바꿔야 한다고 생각한다.

미국과 유럽, 중화권 모두 대부분의 대학에서 가을에 입학식을 하고 새 학기가 시작되기 때문에 일본도 대학의 국제화와 유학생 유치를 위해 이에 보조를 맞춰야 한다는 논의는 예전부터 있었다.

나는 입학 시기가 어찌됐든 대학이 진짜로 의미 있는 활동을 한다면 국제화는 자연스럽게 이뤄질 거라고 생각하므로 이러한 생각에 찬성하는 입장이 아니었다. 물론 입학식 및 새 학기를 9월에 시작해도 상관없다. 대학입시를 추운 겨울에 하지 않아도 된다는 점은 나쁘지 않다고 본다.

하지만 새 학기를 반년 연기하는 것에는 이보다 더 큰 유익이 있다. 첫째, 피해지역의 대학이 체제를 재정비할 시간적 여유가 생긴다. 둘째, 피해를 입지 않은 지역 대학의 교직원, 학생들이 피해지역의 복구와 원전 사고 처리에 힘을 보탤 수 있다.

일본 전역에는 약 300만 명의 대학생들이 있다. 그들이 지진과 쓰나미, 원전 사고로 피난 중인 분들을 돕고 복구에 힘쓴다면 피해자들에게도 큰 힘이 될 것이다. 또한 학생들도 많은 것을 배울 수 있다. 그들의 의욕을 끌어내기 위해 기업들도 대졸 신입사원 채용 시, 그들이 개강이 연기된 반년 동안 무엇을 하며 무엇을 배웠는지를 중시하는 방침을 취해주길 바라는 바이다.

대학의 교직원들에겐 보다 무거운 책임이 있다. 회계연도가 연기되면 반년 동안 등록금을 받지 못하니 정부로부터 보조금을 받아야 하는데, 그 대가로 이들의 지식, 능력, 기술, 인맥 등을 총동원하여 피해지역 복구에 힘써야 한다. 직접적인 구호활동에 종사하지 않더라도 앞으로 일본이 생존하는 길을 제시하기 위한 진정한 의미의 지적활동을 펼쳐야만 한다.

이는 지금까지 갈고닦은 학문이 과연 어떤 의미를 갖는지 재고찰하는 귀중한 기회가 될 것이며, 이 활동을 통한 경험과 만남은 새로운 학문의 지평을 열어젖힐 뿐만 아니라 더욱더 큰 의미를 가질 것이라고도 확신한다.

특히 원자력 관계 연구자들은 원전사고 처리에 전력을 다해주길 바란다.

만약 대학의 교직원과 학생들이 지금의 위기에 전력을 다해 맞선다면 대학의 존재 의의는 세상에 자연스럽게 그 모습을 드러낼 것이다. 이는 또한 우리들이 진정한 의미의 학문과 만나기 위한 절호의 기회이기도 하다.

_2011년 4월 4일, 야스토미 아유무(도쿄대 사회생태학 교수)

나중에 들은 말로는 '가을 입학제'는 도쿄대 당국도 비슷한 시기에 진지하게 검토하고 있었다고 하더군요. 와세다대학 등 사립대학에서도 "도쿄대가 한다면 우리도 그렇게 하겠다"는 반응이 있을 정도로 상당히 실현 가능성이 높았다고 합니다. 하지만 막판에 가서 법학부 측에서 "교칙에 여름학기는 4월 입학제라고 명시되어 있지 않느냐"는 별 말도 안 되는 지적을 하는 바람에 전부 무산되었다고 들었습니다. 역시 일본은 '발빠른 판단'이 불가능하다는 현실을 재차 깨달았습니다.

그런데 얼마 지나지 않아 놀라운 일이 벌어졌습니다. '도쿄대, 가을 입학제 실시'라는 보도가 나온 겁니다. 단 이번 가을 입학제는 피해지역의 학생 지원과 복구, 원전사고 처리 등을 위한 것이 아닌 국제화를 고려한 것이었습니다. 이런 걸 환골탈태라고 부르던가요? 역시 도쿄대식 화법의 원조들입니다.

규칙2, '자신의 입장에 유리하도록 상대의 말을 해석하기' 수법이지요. 위기대응을 위해 제가 제창한 '가을 입학제'는 이 수법을 통해 누군가의 '입장'에 유리하게 작용하는 '도쿄대의 국제화'라는 방향으로 보기 좋게 바꿔치기된 것입니다. 나중에 프랑스에서 열린 '도쿄대 포럼'이란 행사에서 하마다 총장을 만났는데, 가을 입학제 건으로 인사는 받았지만 다행히 아무런 지시도 받지 않았습니다. 역시 '미타 씨'에게 무언가 맡길 대담함은 없었나 봅니다.

기능 부전에 빠진 입장주의

이런 교활한 수법에서도 볼 수 있지만 도쿄대식 화법에 기만당하지 않는다는 것은 역시 쉬운 일이 아닙니다. 가장 큰 이유는 역시 도쿄대식 화법의 온상인 입장주의 사회가 하룻밤 사이에 완성된 것이 아니기 때문이겠지요.

전에도 말했듯이 일본의 입장주의란 전통적 '이에家'가 메이지유신 이후 '입장'으로 모습을 바꾸어 태평양 전쟁과 고도 경제성장기를 거치면서 발전되어온 것입니다. 오늘날에도 일본인의 근간을 이루는 사상이라 해도 과언이 아닙니다.

인간이란 그렇게 간단하게 삶의 방식을 바꾸지 못합니다. 게다가 중세 이래 수백 년이란 시간에 걸쳐 이어져 내려온 사상을 한순간에 바꿀 수 있을 리가 없습니다. 허무주의에 빠진 것처럼 들릴 수도 있지만 일본사회와 일본인 안에 '입장주의'가 뿌리 깊게 침투해 있다는 것은 틀림없는 사실입니다.

그렇다면 우리들은 어떻게 해야 할까요? 이에 대한 답은 하나가 아닙니다. 이 중 하나는 "그래 입장주의 맞아. 그런데 그게 뭐가 어때서?"라는 것도 포함됩니다. 입장주의를 바꿀 수 없다면 이를 갈고닦아서 숙달하는 삶의 방식도 충분히 있을 수 있지요. 기만으로 가득한 도쿄대식 화법은 "예, 알겠습니다"라는 말과 함께 정면에서 부딪쳐 파괴할 수 있듯이 입장주의의 기만성에도 정면으로 부딪쳐 '기능하는 입장주의'를 만드는 겁니다.

저는 지금까지 '입장주의'란 것이 일본사회 도처에 만연해 있음을 되풀이하여 보여드렸습니다. 그중에서 가장 큰 문제는 이에 근거한 시스템이 오늘날에는 전혀 제 기능을 하지 못하고 있다는 점입니다.

고도 경제성장기에는 입장주의 사회도 제대로 기능하고 있었지만, 거품경제의 붕괴와 기술의 진보에 의해 더 이상 기능하지 않게 되었습니다. 다시 말해 앞서 말씀드린 '통행인 없는 세관' 같은 경우입니다. 그렇다면 이 유지운영비는 도대체 어디서 나오는 걸까요? 말할 것도 없이 국채입니다.

증식을 멈추지 않는 '입장'을 어딘가에는 배치해야 합니다. 그렇게 '독립행정법인'이라는 아무런 부도 창출하지 않는 세관이 탄생했는데, 이것이 사태를 더욱 악화시켰습니다. 과거에 재벌들이 도맡던 정부의 하청과 이들의 2차 하청업체 같은 세관은 그래도 나름 기능했기 때문에 임원을 낙하산으로 꽂아도 인건비를 뽑을 수 있었습니다. 그러나 '독립행정법인'은 아무런 기능도 하지 않습니다. 순전히 남아도는 '입장'을 어딘가에 배치하기 위해 만든 세관이니 오직 재정만 축날 뿐입니다.

재무 관료들이 "재정을 재건하겠다"고 염불처럼 되뇌어도 국가의 빚이 눈덩이처럼 불어나더니 최근 1천조 엔에 이르렀다는 이 기묘한 현상은 '입장주의 사회의 기능 부전'으로 모두 설명할 수 있습니다.

물론, 이 '기능 부전'은 일본인 개개인들에게도 큰 영향을 미치고 있습니다. 대기업 직장인들 사이에서 '우울증' 같은 마음의 병이 급증하고 청년들이 회사에 정착하지 못하며, 그리고 무엇보다도 후쿠시마 원전 사고 같은 전대미문의 인재가 일어나기 때문입니다.

불성에 뿌리 내린 새로운 입장주의의 가능성

오늘날 '입장주의'는 확실히 그 수명이 다하고 있습니다. 그렇다고 해서 갑자기 180도 전환할 수는 없습니다. 그렇다면 기존의 '입장주의'가 아닌 '기능하는 입장주의'를 향해 나아가면 되는 겁니다.

예를 들어 태평양 전쟁의 특공대를 탄생시킨 '입장주의'는 틀려도 한참 틀린 것이라고 생각합니다. 그때처럼 '입장'에 삶이 좌우되거나 '입장'을 위해 자신을 버리는 것이 아니라 '입장'이란 것을 이용해 잘 살아가보는 겁니다. 물론 이는 간단한 일이 아닙니다만, 약간의 단서를 제공하는 것이 저는 '불성론'이 아닐까 생각합니다.

'불성론'이란 불교의 《대반 열반경》에 나오는 '일체중생실유불성—切衆生悉有佛性'이란 사상으로 '누구나 부처가 될 성품을 지니고 있다'는 것입니다. 여기서 파생되어 일본인에게는 '누구나 죽으면 부처가 된다'는 생각이 뿌리 깊게 박혀 있습니다.

이를 세상에 선보인 계기가 2008년 중국 쓰촨성 대지진 때입니다. 당시 일본의 국제구조대도 현지에서 구호활동을 펼쳤다는 사실은 뉴스를 통해 보셨겠지만, 잘 알려지지 않은 에피소드도 있습니다. 일본 구조대가 건축물 잔해에서 한 모자의 시신을 발견했습니다. 동일본 대지진 때도 그랬지만 이런 경우 일본에서는 수색대가 묵념을 합니다. 그냥 들으면 참 가슴 아픈 광경이지만, 이런 재해 상황에서는 자주 볼 수 있는 장면입니다.

그런데 중국에서는 달랐습니다. 일본 구조대가 묵념하는 모습이 전역에 보도되자 중국인들은 충격에 빠졌습니다. 공적 기관인 구조대가 일반인 시신을 향해 묵념을 하다니…. 묵념은 마오쩌둥이나 공산당 간부 같은 사회적으로 최상위층인 사람들의 장례식에서나 하는 것이기 때문에 믿기 어렵다는 이야기입니다.

이를 단순한 문화나 관습의 차이라고 생각할 수도 있지만 저는 거기에 그치는 것이 아니라고 생각합니다. 이는 일본인들 조상이 숱한 시행착오를 거쳐 도달한 위대한 사상입니다.

그런 의미로 '입장주의'도 긴 역사 속에서 선인들의 시행착오에서 태어난 사상입니다. 다른 사람의 '입장'을 경시해서는 안 된다는 사상의 배경에는 사람의 '불성'을 경시해서는 안 된다는 사상이 깔려 있다고 봅니다. 이러한 상호존중이 일본사회 내 질서 형성의 근원이라고 저는 생각합니다.

물론 이 상호존중이 원전 마피아 같은 무시무시한 것을 낳기도 하지만, 이 귀중한 심성을 새로이 바로잡아 기존처럼 누군가를 희생시키는 '입장주의'가 아닌 '불성에 뿌리내린 새로운 입장주의'로 승화시킬 필요가 있다고 봅니다.

도쿄대식 화법에 기만당하지 않으려면

이렇게 되면 어김없이 지금의 '입장'을 지키려는 사람들이 훼방을 놓으려고 할 겁니다.

다시 말해, 도쿄대식 화법을 구사해 "이건 틀렸고 저건 맞고"하며 '입장'을 지키기 위한 유인작전이 시작됩니다. 정치인이 뭔가 개혁을 하려고 하면 관료가 도쿄대식 화법으로 가득한 문서를 들고 와서는 강의를 하며 관료의 '입장'에 유리한 방향으로 끌고 가는 것과 같은 구조입니다.

전후 일본의 '민주주의'는 모두 이런 식으로 배배 꼬인 것이 현재까지 이어지는 거라고 저는 생각합니다. 하지만 이번 원전 사고에서 입장주의 사회의 기능 부전 상태가 정점을 찍은 현재, 도쿄대식 화법의 기만성도 민낯을 드러냈습니다. 원전 사고로 등장한 어용학자와 그들처럼 치졸하고 뻔한 도쿄대식 화법 덕분에 우리는 이 기만성의 실체를 목격했습니다.

마지막으로 도쿄대식 화법에 기만당하지 않기 위한 비장의 무기를 알려드리겠습니다. 무엇보다, 도쿄대식 화법은 결국 상대를 제압하기 위한 궤변이며, 이를 구사하는 사람은 소인배이므로 두려워할 가치도 없다는 점을 명심해두는 것입니다.

2011년 4월 7일, 도쿄대를 졸업한 부친을 둔 한 고등학생(으로 추정되는 사람)이 트위터에 이런 글을 올렸습니다.

"도쿄대를 나온 아빠가 논의를 가장하여 상대를 공격해 논의 불능 상태로 몰고, 상대가 반론하지 못하는 시점에 그를 논파했다고 여기는 '이 수수께끼의 스포츠'는 도쿄대식 화법이랑 참 닮았네."

이는 도쿄대식 화법의 본질을 찌르는 증언이라고 생각합니다. 어차피 궤변이므로 아무런 알맹이도 없는 것입니다. 만약 지금이라도 당신의 주변에서 도쿄대식 화법을 구사하는 사람이 있다면 두려워하지 말고 부디 비웃어주시기 바랍니다. 그래도 그만두지 않는다면 불쌍한 사람이라 생각하고 그 기만성에 작정하고 맞서 보세요. 그의 성불을 빌며 '나무아미타불'이라도 읊어줍시다.

아무리 추악한 현실이라도, 아무리 거짓말로 점철된 변명이라 해도, "예, 알겠습니다"라는 말로 그 비뚤어진 것을 드러내주면 그 사람도 도쿄대식 화법이란 늪에서 빠져나올 수 있으리라 봅니다.

원전이라는 커다란 기만이 폭발한 오늘날, 우리들은 각자가 '미타 씨'가 되어 이 기만을 마주해야만 하는 시대에 살고 있는지도 모릅니다. 가장 중요한 것은 도쿄대식 화법에 위축되지 않고 정면으로 맞서는 태도입니다.

아이들을 지켜야 하는 까닭

이 책에서 말하는 '도쿄대 화법'을 우리 식으로 바꾼다면 '서울대 화법' 또는 '엘리트 화법'이라고 표현해도 그다지 틀리지 않을 것이다. 한국에서 원전 사고가 일어난다면 비슷한 상황이 벌어질 것이 거의 틀림없어 보이므로. 4대강 사업의 폐해가 적나라하게 드러나기 시작하자 책임 회피를 하기에 여념이 없는 전문가들을 보면 판박이를 보는 듯하다.

원전 사고는 결코 남의 나라 일이 아니다. 경주 지진 이후 원전의 안전성에 대한 우려가 커지고 있다. 사소한 원전 사고는 끊임없이 보도되고 있지만 그 과정에서 사건을 축소하거나 은폐하려는 움직임이 번번이 드러나기도 한다. 원전의 안전성보다 자신의 직위 안전이 더 중요한 사람들에게 우리 삶의 터전을 내맡기고 있는 셈이다.

학연과 지연으로 끈적끈적하게 엮인 엘리트 집단의 생태계를 '입장'이라는 말로 알기 쉽게 설명해주는 저자의 분석은 대중을 기만하는 엘리트 집단의 행태를 이해하는 데 많은 도움이 된다. 그리고 그들의 기만적인 화법에 속지 않을 수 있게 도와준다. 일종의 '엘리트 기만술 간파하기 길라잡이' 같은 책이라 할 수 있겠다. 한국의 엘리트들은 어떤 기만 화법을 구사하는지에 대한 연구가 필요한 시점이다.

경제학박사이자 도쿄대 동양고전 연구교수이기도 한 저자는 '거품경제, 전쟁, 환경파괴 같은 누구에게도 좋지 않은 일을 왜 인간은 기를 쓰고 벌이는 걸까'라는 물음을 안고 경제학과 심리학, 역사학 등 다양한 학문 분야를 넘나들며 연구를 해오고 있다. 폭주사회의 원인을 끈질기게 파고들고 있는 셈이다. 이 책 역시 그 연장선에 있다고 볼 수 있다. 엘리트들의 화법을 통해 집단 폭주 현상을 고찰하고 있는 셈이다.

사회를 위기에 빠트리는 엘리트들의 문제를 파헤친 이 책은 동시에 '교육'의 문제를 제기하고 있기도 하다. 일본이나 한국처럼 경쟁적인 입시교육을 통해 엘리트를 길러내는 사회는 위기에 취약할 수밖에 없기 때문이다. 공동체보다 자신의 이해관계를 먼저 생각하는 사람들은 자신의 입지가 위협받을 때 기만적인 태도를 취하기 마련이다. 도쿄대 교수인 저자는 이러한 관점에서, 도쿄대 입학생들이 어떤 학생들인지, 졸업 후에는 또 어떤 엘리트가 되는지를 이야기하며 엘리트 교육의 문제점을 지적하기도 한다.

하지만 인간은 사회적 존재로서 '입장'이란 것을 버리기 힘든 것이 현실이기도 하다. 봉건사회 전통이 남아 있고 유대를 강조하는 일본사회의 특성상 작은 집단의 입장에 묶여 시민으로서의 정체성을 상실하는 것이 일본의 입장주의의 본질이다. 저자는 입장이란 것을 버릴 수 없다면 입장을 지닌 채 잘 살 수 있는 길은 없을까라는 물음을 던진다.

이 책 마지막 부분에서 저자는 일본인들의 심성에 뿌리깊이 깔려 있는 '불성'에 기초하여 서로를 배려하고 돌보는 입장주의로 나아갈 수 있지 않을까 전망하기도 하지만, 보다 근원적인 해결책은 아이들을 다르게 키우고 교육하는 데 있을 것이다. 아이들이 사회와 소통할 줄 아는 건강한 시민으로 성장할 수 있게 도와야 한다. 좁은 의미의 공동체성이 아닌 시민성을 기르는 방향으로 나아가야 한다.

일본은 최근 과감한 교육개혁을 추진하는 중이다. '살아가는 힘을 기르는 것'을 교육목표로 정하고 학교교육을 이에 긴밀히 연계시키고 있다. 한국의 수능에 해당되는 '대입 공통시험'도 이 비전에 연계시켜, 생각하는 힘을 평가하는 방향으로 전환하고 있다. 이런 변화가 입장사회를 넘어서는 방향으로 이어질지 아직은 알 수 없지만, 긍정적인 영향을 미칠 것이다.

야스토미 선생은 아이들을 구하는 것이 곧 세상을 구하는 길이라는 메시지를 여러 책에서 거듭 말한다. 클래식 음악 매니아인 저자가 《마이클 잭슨의 사상》이라는 책을 쓴 것도 잭슨의 그러한 사상에 공감해서이다. 이 책 머리말에서 저자는 "인류사회와 지구를 구하기 위해 아이들의 창조성을 지켜야 한다. 아이들에 대한 범죄는 곧 인류사회에 대한 범죄이기도 하다"는 잭슨의 말에 온 몸으로 공감했음을 밝힌다.(잭슨에 대한 아동 성추행 혐의는 조작된 것으로 밝혀졌다. 잭슨 사망 후 조단 챈들러는 자신의 블로그에 "파산 위기에 처한 아버지가 빚을 청산하기 위해 거짓말을 강요했다"라며 사죄의 글을 올렸다.)

일본사회와 자기 자신 속에 있는 여러 모순의 원인을 파헤치고 있는 저자의 모든 연구는 살면서 느낀 납득할 수 없는 문제들을 파헤치고 답을 찾아가는 과정이 아니었나 싶다. 그는 어린 시절을 돌아보며 자신이 학대받았음을 깨닫고 부모와의 연을 끊기도 하고, 아내와의 사이에서 스스로 모럴 해러스먼트 피해자였음을 깨닫고는 이혼을 하기도 했다.

그는 어린아이들에게 가해지는 여러 가지 폭력이 결국 세상을 파멸로 이끌기 때문에 세상을 구하기 위해서는 무엇보다 어린이를 보호해야 한다고 말한다. 부모와 교사들을 위한 책을 주로 내는 민들레에서 저자에게 관심을 갖게 된 계기도 여기에 있다. 모럴 해러스먼트의 위험성을 이야기하는 《누가 어린왕자를 죽였는가》가 전하는 메시지 또한 아이들을 지키자는 것이다.

저자는 50대에 들어서면서 자신에게 여성복이 편하다는 사실을 깨닫고는 그 후 여성 의상만 입고 있다.(하지만 트랜스젠더나 동성애자는 아니다.) 남성 체형 사람들을 위한 여성복을 선보이는 패션쇼를 도쿄대 야스다 강당에서, 모델들이 자신의 이야기를 함께 들려주는 독특한 방식으로 열기도 했다. 올해 초 지방 시장 선거에 출마해 유세장에서 노래를 부르고 차량 대신 말을 타고 다니면서 선거운동을 하기도 했다. 당선을 기대한 것이 아니라 아이들을 지키자는 메시지를 전하기 위해서였다고 한다.

최근 자신의 이름을 '아유무'에서 '아유미'로 바꾸면서(한자 이름은 그대로이고 발음만 여성형으로 바뀌었다) 표정이나 행동이 한층 자연스럽고 편안해 보인다. '있는 그대로의 나'로 살아가려는 그의 삶의 여정이 돋보인다. 연구 결과를 자신의 삶에서 구현하고 타인과 공유하기 위해 노력하는 보기 드문 학자다. 또한 사고가 유연한 만큼 유머감각도 뛰어나다. 선거 연설을 하면서, 학교는 필요 없다고, 초중고 한 개씩만 박물관에 있으면 된다는 이야기를 하기도 했다. 학구적인 이야기와 농담의 경계를 자유롭게 오가면서 중요한 메시지를 발신하고 있는 저자의 사상 편력을 좀더 가까이 들여다볼 수 있는 기회가 오기를 기대한다.

2018년 가을

현병호

이상한 나라의 엘리트

초판 1쇄 발행 2018년 10월 10일

글쓴이 야스토미 아유미 옮긴이 박솔바로
편집 김소아, 장희숙, 하늘 디자인 NOL
펴낸이 현병호 펴낸곳 도서출판 민들레
출판등록 1998년 8월 28일 제10-1632호
주소 서울시 성북구 보문로 34가길 24
전화 02-322-1603 전송 02-6008-4399
이메일 mindle98@empas.com 홈페이지 www.mindle.org

ISBN 978-89-88613-75-7(03330) 잘못 만들어진 책은 바꿔 드립니다.

이 도서의 국립중앙도서관 출판예정도서목록(CIP)은 서지정보유통지원
시스템 홈페이지(http://seoji.nl.go.kr)와 국가자료공동목록시스템(www.nl.go.kr/
kolisnet)에서 이용하실 수 있습니다.(CIP제어번호: CIP 2018031042)